10대에게 ★ 권하는
영문학

10대에게 권하는 영문학

초판 1쇄 발행 2020년 6월 15일
초판 4쇄 발행 2023년 3월 1일

지은이 박현경 **펴낸이** 김종길 **펴낸 곳** 글담출판사

기획편집 이은지·이경숙·김보라·김윤아
마케팅 성홍진 **디자인** 손소정 **홍보** 김민지 **관리** 김예솔

출판등록 1998년 12월 30일 제2013-000314호
주소 (04029) 서울시 마포구 월드컵로 8길 41
전화 (02) 998-7030 **팩스** (02) 998-7924
페이스북 www.facebook.com/geuldam4u **인스타그램** geuldam
블로그 http://blog.naver.com/geuldam4u

ISBN 979-11-86650-89-9 (43740)

책값은 뒤표지에 있습니다.
잘못된 책은 바꾸어 드립니다.

만든 사람들 ─────────
책임편집 김윤아 **디자인** 손지원

글담출판에서는 참신한 발상, 따뜻한 시선을 가진 원고를 기다리고 있습니다.
원고는 글담출판 블로그와 이메일을 이용해 보내주세요. 여러분의 소중한 경험과 지식을 나누세요.
블로그 http://blog.naver.com/geuldam4u **이메일** to_geuldam@geuldam.com

청소년기에 영문학을 읽어야 하는 이유가 뭘까?

10대에게 ★ 권하는
영문학

박현경 지음

영문학 공부의 이유와
문학의 가치를 알려 주는 책

글담출판

차례 Contents

CHAPTER 04. 영문학을 통해 생각하고 성장해요

CHAPTER 05. 영문학을 통해 대중문화를 이해해요

영문학 공부를 시작한 지 28년째입니다. 지난 시간을 돌아보면 영문학 공부를 안 하고 산 세월보다 영문학 공부를 한 후의 세월이 더 길어진 셈이지요.

고등학교 재학 시절 저는 이과생이었습니다. 당시는 고등학교 1학년 말에 문과를 갈지 혹은 이과를 갈지 결정했어요. 제 적성은 어문학이어서 문과에 지망했습니다. 하지만 성적이 상위권에 속하는 학생들은 으레 이과에 지원했기 때문에, 저는 이과에 가지 않으면 안 될 거란 압박과 불안을 느꼈습니다. 결국 담임선생님께 부탁드려 이과로 변경을 했지요. 그런데 아무리 생각해도 제가 잘하고 즐기는 건 문과 쪽이었습니다. 한 번 더 변경을 부탁드리자 담임선생님은 버럭 화를 내셨고, 저는 깜짝 놀라 포기를 했습니다.

고등학교 2학년 때 담임선생님은 수학 선생님이셨습니다. 그분은 제 어문학 재능이 남다르다며, "너 같은 애가 왜 이과에 있는지 이해가 안 된다."며 혀를 차곤 하셨습니다. "그러면 문과로 바꿔 주실래요?" 하고 여쭙고 싶었지만 생각뿐이었습니다.

　고등학교 3학년이 되어 원서 쓸 때가 되었습니다. 저는 대구에서 태어나 고등학교를 졸업할 때까지 대구에서 자랐습니다. 저는 의대나 치대에 가고 싶었는데 부모님은 약대를 가라고 하셨습니다. 그래서 서울로 보내주면 약대에 가겠노라고 부모님께 제안했습니다. 보수적인 아버지는 딸을 서울로 보낼 생각이 전혀 없었지만 약대를 간다고 하니 허락하셨습니다. 조금 하향 지원을 했던지라 원서를 쓰고부터는 마음을 놓았고 공부도 설렁설렁 했습니다. 그러다 낙방했습니다.

　재수는 경기도의 기숙학원에서 했습니다. 자존심 탓에 재수생 신분을 참을 수 없었습니다. 속세를 벗어나 재수, 삼수, 사수, 오수생이 모여 숙식을 함께하며 공부하는 곳에서 지냈습니다. 학원에서 반 편성 고사를 치를 때 부모님 몰래 문과로 반을 바꾸었습니다. 첫 모의고사를 치른 후 성적표와 함께 문과로 바꾼 사연을 담은 편지를 대구로 보냈지요.

　영문과에 입학하고 원하던 공부를 하니 퍽 재미있었습니다. 그러나 승승장구하리란 기대와는 달리 금세 한계를 경험하게 됐습니다. 문학적 감성이 있어도 언어 능력이 모국어 사용자 수준으로 뛰어나지 않으면 외국

문학 공부는 매우 힘이 듭니다. 외국의 국제학교에서 교육 받아 영어가 한국어보다 더 편한 친구들을 보면서 '저들과 경쟁해 내가 과연 이 분야에서 성공할 수 있을까?' 하는 회의가 들기 시작했습니다. 늘 열등감에 시달렸지요. 긴 시간 박사논문을 쓰다 보니 실험 결과가 분명한 이공계가 새삼 부러워지기도 했습니다. 결혼하고 아이를 낳아 기르면서도 공부를 계속해야 했습니다. 학부부터 박사과정까지 15년가량 같은 학교에 다니는 '여대괴담' 같은 생활이 이어졌지요.

우여곡절 끝에 박사학위를 받고나니 조금씩 영문학에 대한 첫사랑이 회복되더군요. 저는 문학이 왜 좋았을까요? 우울한 기질을 지닌 제게 문학은 선물이자 친구였습니다. 제 생각과 감정을 잘 읽어 주는 작품을 만날 때 따뜻한 위로를 느꼈지요. 문학을 통해 지적 자극을 얻고 다가오는 통찰로 온통 설레기도 했습니다. 필립 시드니 경(Sir Philip Sidney, 1554~1586)은 『시의 옹호(The Defence of Poesy)』라는 글에서 문학의 가치를 역설했어요. 문학은 허무맹랑한 이야기가 아니라 인간과 세계에 대한 폭넓고 심오한 지식을 담고 있다고 주장했지요. 실제로 우리는 시로 대표되는 문학을

통해 다른 학문도 자연스럽게 접할 수 있어요.

이 책은 영문학의 주요 작품을 중심으로 쓰였습니다. 혹시 여러분이 잘 아는 작품인데 빠졌다고 너무 섭섭해 하지는 마세요. 제가 좋아하는 작품도 조화를 생각해 빼기도 했고, 그다지 높이 평가하지 않는 작품도 전체의 균형을 위해 넣기도 했거든요. 이 책을 통해 영문학의 재미를 누리고, 삶의 방향과 속도를 결정하는 교훈을 얻기 바랍니다. 책은 대입을 위한 이력 관리를 목표로 읽는 것이 아니라, 행복하고 보람된 인생의 동반자로 늘 곁에 있어야 하거든요.

영문학이란 무엇일까요?

흔히 영문학이라고 하면 영어로 된 문학을 떠올립니다. 언어가 우선적으로 부각되는 것이지요. 그러나 19세기 초까지 영문학은 영국 내에서 영어로 쓰인 작품을 중심으로 다루었어요. 다른 지역의 작품이나 다른 언어로 쓰인 문학작품은 영문학의 범주에 넣지 않는 게 일반적이었지요. 시대적으로 영문학은 고대 영문학, 중세 영문학, 영국 르네상스 문학, 왕정복고 시대 영문학, 18세기 영문학, 낭만주의 시대 영문학, 빅토리아 시대 영문학, 모더니즘과 포스트모더니즘의 시대를 포함하는 20세기 영문학, 그리고 현대 영문학으로 나눌 수 있어요. 오늘날의 영문학은 지역, 형식, 내용의 제약을 벗어나 영어로 쓰인 문학작품을 포괄적으로 일컫는 용어로 사용되곤 합니다.

영문학의 경계는 어디일까요?

가수도 노벨문학상을 받던데, 문학이란 무엇일까요?

2016년에 밥 딜런(Bob Dylan)이라는 가수가 노벨문학상을 수상했어요. 노벨문학상 선정 기관인 스웨덴 한림원은 밥 딜런을 선정한 이유를 "미국 음악의 위대한 전통 안에서 새로운 시적 표현을 창조했다."라고 밝혔는데, 이에 대한 반응은 찬사와 비판으로 갈렸어요. 문학의 지평을 넓힌 매우 타당한 결정이라고 칭찬한 이들이 있는가 하면, 분노하는 작가, 비평가, 기자들도 있었지요.

살만 루슈디(Salman Rushdie)라는 작가는 밥 딜런의 수상을 옹호했어요. 살만 루슈디는 인도 뭄바이 출신의 소설가예요. 『악마의 시』(1988)라는 소설에서 이슬람을 희화화하는 표현을 썼다는 이유로 살해 위협을 받는 작가랍니다. 그가 밥 딜런의 수상을 긍정적으로 평가한 이유는 시와 음악의 연관성 때문이에요. 루슈디는 "그리스 신화에 등장하는 오르페우스부터 노래와 시는 긴밀히 연결되어 왔고, 딜런은 음영(吟詠) 시인 역사의 찬란한 상속인"이라고 했어요.

딜런의 수상을 신랄하게 비판한 대표적인 사람은 미국의 작가 게리 슈타인가트(Gary Shteyngart)예요. 그는 "노벨위원회의 결정을 전적으로 이해한다. 독서란 어려운 일이다."라고 했지요. 가수에게 노벨문학상을 수여한 것은 독서를 포기한 것이나 다름없다고 비꼰 거예요. 노벨위원회조차 독서능력을 제대로 갖추지 못했음을 암시하는 말이기도 하고요.

밥 딜런이 노벨문학상을 수상한 것을 계기로 문학이란 무엇인가, 노벨상의 의의는 어떤 것인가에 대한 논의가 한동안 뜨거웠어요. 노벨상이 남성 중심적이고, 미국과 서유럽 같은 제1세계 국가 위주이며, 유대계(밥 딜런도 유대인 집안에서 태어났어요), 독일계, 앵글로 색슨계 중심이라는 비판도 있었어요.

그렇다면 우리는 어떤 입장을 취할 수 있을까요? 문학의 범위는 어디까지이며, 위대한 문학이라고 평가하는 기준은 과연 무엇일까요? 밥 딜런의 노래 가사 일부를 살펴보며 생각해 볼게요.

Blowing in the wind
바람에 실려 오는

How many roads must a man walk down

사람이 얼마나 많은 길을 걸어야

Before they call him a man

인간이라 불릴 수 있을까

How many seas must a white dove sail

흰 비둘기가 얼마나 많은 바다 위를 날아야

Before she sleeps in the sand

모래밭에서 잠들 수 있을까

How many times must the cannonballs fly

얼마나 여러 번 포탄이 날아야

Before they are forever banned

영원히 금지될 수 있을까

The answer, my friend, is blowing in the wind

답은, 친구여, 바람에 실려 온다네

The answer is blowing in the wind

답은 바람에 실려 온다네.

How many years must a mountain exist

산이 얼마나 오랜 세월 존재해야

Before it is washed to the sea

씻겨 바다로 갈 수 있을까

How many years can some people exist

사람이 얼마나 긴 세월 존재해야

Before they're allowed to be free

자유를 허락받을 수 있을까

How many times can a man turn his head

얼마나 여러 번 고개를 돌리고

And pretend that he just don't see

못 보는 척 할 수 있을까?

The answer, my friend, is blowing in the wind

답은, 친구여, 바람에 실려 온다네

The answer is blowing in the wind

답은 바람에 실려 온다네

How many times must a man look up

사람이 얼마나 여러 번 올려다봐야

Before he can see the sky

하늘을 볼 수 있을까

How many ears must one man have

사람이 얼마나 많은 귀를 가져야

Before he can hear people cry

사람들의 울부짖음을 들을 수 있을까

How many deaths will it take till he knows

얼마나 많은 죽음을 치러야

That too many people have died

너무 많은 사람이 죽었음을 알게 될까

The answer, my friend, is blowing in the wind

답은, 친구여, 바람에 실려 온다네

The answer is blowing in the wind

답은 바람에 실려 온다네

The answer, my friend, is blowing in the wind

답은, 친구여, 바람에 실려 온다네

The answer is blowing in the wind

답은 바람에 실려 온다네

이 노래는 1963년에 발매되었는데, 베트남 전쟁에 반대하는 내용을 담고 있어요. 많은 반전 운동가들과 젊은이들이 즐겨 부르던 노래였지요.

여담이지만, 이 노래의 원저자에 대한 논쟁이 있었어요. 뉴저지의 고등학교 학생이었던 로어 와이엇(Lorre Wyatt)이 1962년 9월에 이 곡을 썼고 10월에 먼저 연주했다는 주장 말이지요. 와이엇이 11월에 딜런에게 이 곡의 저작권을 팔았다고 합니다. 세월이 흘러 밥 딜런이 노벨문학상까지 탔으니 이제는 이 노래를 누구나 그의 것으로 알게 되었지요.

시가 노래가 될 수 있을까요?

노래를 시라고 부를 수 있을까요? 그렇다면 반대로 시가 노래가 될 수 있을까요? 영화 〈킬 유어 달링〉에서 다뤄진 실존 인물이자 다수의 문학상을 수상한 시인 앨런 긴즈버그(Allen Ginsberg, 1926~1997)의 시를 한 번 살펴볼게요. 다음은 방글라데시 해방 전쟁 당시 난민에 대해 쓴 긴즈버그의 시 중 한 부분입니다.

September on Jessore Road
제소어 길 위의 9월

Millions of babies watching the skies
수백만의 아기들이 하늘을 보네
Bellies swollen, with big round eyes
불룩한 배와, 크고 둥근 눈을 한 채
On Jessore Road -long bamboo huts
제소어 길 위에서. 긴 대나무 오두막은
No place to shit but sand channel ruts
모래바닥 홈 외에는 똥 눌 곳조차 없지

Millions of fathers in rain

수백만의 아버지들은 빗속에서

Millions of mothers in pain

수백만의 어머니들은 고통 속에서

Millions of brothers in woe

수백만의 형제들은 비통함 속에서

Millions of sisters nowhere to go

수백만의 자매들은 갈 곳이 없이

One Million aunts are dying for bread

백만의 아줌마는 식량을 구하다 죽고

One Million uncles lamenting the dead

백만의 아저씨는 죽은 자를 애도하며

Grandfather millions homeless and sad

수백만의 할아버지는 집 없이 슬퍼

Grandmother millions silently mad

수백만의 할머니는 조용히 미쳐 가네

Millions of daughters walk in the mud

수백만의 딸들은 진흙탕을 걷고

Millions of children wash in the flood

수백만의 아이들은 홍수에 몸을 씻고

A Million girls vomit & groan

백만의 소녀들은 토하고 신음하며

Millions of families hopeless alone

수백만의 가족이 희망 없이 홀로 있네

제소어 길은 방글라데시 안에 있는 길 이름이에요. 앨런 긴즈버그는 이 시에서 전쟁 난민들의 가난하고 고통스러우며 절망적인 삶을 표현하고 있어요. 흥미로운 사실은 이 시 역시 노래로 출시되었다는 거예요. 밥 딜런의 노래가 시로 인정되어 노벨문학상을 받았는가 하면, 앨런 긴즈버그의 시는 노래로 불린 것이지요. 이 둘의 사례는 노래와 시가 그만큼 가까운 것임을 보여준다고 할 수 있어요. 참고로 영어의 lyric은 서정시라는 뜻인데, 노래의 가사 역시 lyric이라 부른답니다.

시와 노래의 문학적 가치

서정시는 왜 노래와 가까운 걸까요? 서정시는 개인의 감정이나 정서를 주관적으로 표현한 시를 말합니다. 비교적 짧아서 3~4분 정도 길이의 가요와 비슷하지요. 이런 서정시와 대조되는 장르가 서사시랍니다. 서사시는 역사적 사실, 신화, 전설, 영웅의 사적을 다룬 시예요. 호메로스의 『일리아드』와 『오디세이』가 대표적인 예이고요. 『일리아드』와 『오디세이』는 서양 최초의 기록 문학으로 평가되고 있어요. 서사시도 서정시처럼 노래로 불리기도 했고, 길이가 길며 내용도 방대하답니다.

시 중에는 서정시, 서사시 외에도 극시가 있어요. 극시는 희곡의 형식을 딴 시를 말해요. 오페라나 뮤지컬을 생각하면 쉬울 거예요. 노래로 불러도 될 만한 시적 대사로 극을 구성한다고 이해하면 되겠어요. 대개 셰익스피어(William Shakespeare, 1564~1616)를 극작가라고 부르지만 시인이라고 부르기도 해요. 대사가 시적이고 시도 많이 썼으니까요.

이렇게 시와 노래의 상관관계를 생각해 보면 밥 딜런의 노벨문학상 수상이 얼토당토않은 일이라고 말하긴 어려워요. 실제로 사람들은 이전부터 밥 딜런의 노벨문학상 수상을 농담처럼 말하곤 했답니다. 그러나 그 농담이 현실이 된 것은 충격적이라고 할 수 있지요. 진지하게 글을 쓰는 작가들이 상대적으로 허탈감을 느낄 수도 있고요.

이제 문학의 정의를 다시 짚고 넘어갈게요. 인터넷 백과사전인 위키피디아의 설명에 따르면, 가장 넓은 의미에서의 문학은 기록하여 서술된 내용이면 무엇이든 다 포괄한답니다. 문자로 기록된 모든 것이 넓은 의미의 문학이라는 것이지요. 가장 좁은 의미에서의 문학은 언어를 일상적인 어법과 다르게 배치함으로써 야기되는, 예술적 형식을 가진 것으로 간주되거나 예술적 혹은 지적 가치가 있다고 여겨지는 글입니다. 우리가 '문학적 가치가 있다'라고 말할 때는 보통 문학적 장치나 기교를 갖추고, 예술적 혹은 지적 의의를 담은 좁은 의미에서의 문학을 지칭한다고 볼 수 있어요.

시와 소설 외에 어떤 문학이 있을까요?

　문학의 범위를 어디까지로 보느냐는 개인마다 생각이 다를 수 있겠지요. 밥 딜런이 노벨문학상을 수상하기 한 해 전인 2015년에는 스베틀라나 알렉시예비치(Svetlana Alexandrovna Alexievich)라는 벨라루스의 기자이자 작가가 노벨문학상을 수상했어요. 대표작은 『전쟁은 여자의 얼굴을 하지 않았다』인데, 이 작품은 '목소리 소설(Novels of Voices)'로 불려요. 시, 소설, 희곡 등의 기존 장르와는 달리 인터뷰에 기초한 다큐멘터리로 비허구 문학을 쓴 것이지요. 작가 자신은 스스로의 작품을 '소설-코러스'로 명명했어요.

　'코러스'란 합창을 뜻해요. 그 유래는 '무용수와 가수' 혹은 '종교적 축제'를 뜻하는 그리스어 'khoros'와 라틴어 'chorus'예요. 고대 그리스에서 공연된 비극에서 코러스는 무대 뒤쪽에 서서 작가의 생각, 관객의 반응, 배우의 심정 등을 반영해서 노래하고 춤추며 연기하는 사람들이 있었어요. 알렉시예비치가 자신의 작품을 '소설-코러스'라고 부른 것은 다양한 사람을 인터뷰하여 그들의 목소리를 담고 이를 통합하여 소설을 구성했기 때문이라고 할 수 있지요.

• 벨라루스의 작가 스베틀라나 알렉시예비치 •

밥 딜런의 사례뿐만 아니라 알렉시예비치의 노벨문학상 수상을 보아도, 문학을 특정한 형식이나 장르로 규정하고 정해진 규칙을 강요하긴 어려울 거예요. 다양한 지식과 정보, 감정과 사상을 언어를 사용해 표현할 때 형식적 실험 역시 문학적 가치로 인정받으니까요.

영어로 번역된 문학도 영문학일까요?

사전적 의미에서 영문학이란 '① 영국의 문학 ② 영어로 표현된 문학 또는 그것을 연구하는 학문'을 의미합니다. 세계적인 권위와 역사를 자랑하는 백과사전인 브리태니커 백과사전에서는 영문학을 '7세기에서 현재까지 아일랜드를 포함한 영국 제도(the British Isles)에서 기록된 문학작품'으

• 전통적으로 영문학은 영국 제도에서 기록된 문학작품을 의미한다 •

로 정의합니다. 요즘 일반적으로 말하는 넓은 의미의 영문학은 영어로 쓰인 산문, 시, 희곡 모두를 포함하고, 문학 장르에만 국한되지 않는 개념으로 확장되기도 합니다. 영어라는 공통분모를 제외하고는 국적이나 지역, 그리고 형식과 내용의 제약을 벗어난 포괄적인 개념이 된 것이지요.

그렇다면 원래 한국어로 쓰인 작품이 영어로 번역되면 그것도 영문학이 될 수 있을까요? 아니면 한국문학일까요? 영어로 번역된 한국문학은 영문학이 아닌 외국문학으로 분류됩니다. 번역문학이나 세계문학으로 불리기도 하고요. 저자의 국적이나 그 글이 탄생한 국가와 무방하게 처음부터 영어로 쓰인 문학은 영문학이라 부를 수 있지만, 원래 다른 언어로 쓰인 문학이 영어로 번역된 경우는 영문학으로 부르지 않는 게 일반적이지요.

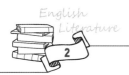

영문학과에서는
무엇을 배우나요?

영문학은 어떤 가치가 있나요?

일반적으로 문학은 교양을 위해 읽는다고 생각할 거예요. 그렇다면 영문학을 교양으로 공부하는 것과 전공하는 것의 차이는 무엇일까요? 둘 다 영문학을 배우는 것이니 얼핏 보면 큰 차이가 없어 보여요. 하지만 자세히 들여다보면 엄청난 차이가 있다는 것을 알게 됩니다. 전공(專攻)은 어떤 학문이나 학과를 전문적으로 연구한다는 의미예요. 전문적이라는 말의 사전적 의미는 '오로지 한 가지 일을 하는 것'을 의미하지요. 그러니 영문학을 전공하는 것은 이런 저런 공부를 하면서 틈이 나면 영문학 서적도 들여다보는 것이 아니라, 그야말로 영문학이라는 한 우물을 파는 것을 의미해요.

물론 영문학 공부를 위해서는 다른 학문에 대한 지식도 필요해요. 역사, 지리, 성치, 경제, 절학, 예술 등에 대한 지식이 있어야 영문학 이해의 폭과 깊이가 더해지니까요. 그러나 이런 공부 역시 영문학작품을 중심으로 배워 가는 것이지, 그 학문만 본격적으로 연구하는 것은 아니에요.

어떤가요? 오로지 영문학만을 하는 게 재미있을 것 같나요? '나는 영문학이 너무 좋아서 밤낮으로 그것을 읽고 분석하는 것이 낙이다'라고 생각하는 사람이라면 영문학을 전공해도 좋을 것 같아요. 그러나 영어를 좀 잘하고 문학도 좋아서라는 이유만으로 영문학을 전공하면 어려움에 봉착하거나 싫증을 느낄 수 있어요. 왜냐하면 내가 만만하게 생각하는 수준 이상의 영어 능력이 요구될 수도 있고, 평범한 독자로서의 즐거움을 자의 반타의 반으로 포기해야 할 때도 있기 때문이에요.

영문학을 전공하다 보면 영어 능력을 계속 향상시켜야 하고, 분석과 논문 집필을 염두에 두고 작품을 읽느라 독서의 흐름에 방해를 받기도 해요. 책을 편안하게 즐기며 읽기보다는 긴장하여 뜯어보는 자세를 취하게 되고요. 그럼에도 불구하고 좋은 점도 있어요. 아는 만큼 보인다고, 문학을 배우면 배울수록 작품에서 새로운 통찰과 재미를 얻게 되거든요. 남들은 그냥 지나쳐 버릴 보석을 캐냈을 때의 느낌과 비슷할 것 같아요.

전공이란 그 분야를 집중적으로 공부해서 그것을 통해 진로나 직업을 찾는다는 의미도 있어요. 그러니 영문학을 전공한다면 영문학 서적을 읽고 분석하여 글 쓰는 것을 좋아할 뿐 아니라, 그 공부를 통해 어떤 일을 할 것인지도 염두에 두어야 해요. 카피라이터가 되고 싶어 문학적 감수성과 통찰력을 얻기 위해 영문학을 한다면 타당한 이유가 될 것 같아요. 작가나 비평가, 혹은 교사나 교수가 되려는 목표도 가능하고요.

영문학을 통해 영미 문화에 더 친근하게 접근할 수 있어요.
『햄릿』을 쓴 셰익스피어는 영미 문화에 엄청난 영향을 미쳤지요.

전공으로서의 영문학 선택은 신중해야 하지만, 교양으로서의 영문학은 망설임 없이 권할 수 있어요. 세계화는 대개 미국화를 의미하고, 인터넷에서도 영어를 통해 정보에 접근하는 비율이 높은 시대에는 영문학을 통해 문화를 이해하고 언어에 친숙해지는 것이 여러모로 유익하거든요. 가령 『햄릿』을 읽은 사람이라면 "덴마크에는 셰익스피어의 그림자가 있다."는 말에 공감할 수 있어요. 햄릿이 덴마크의 왕자임을 알기 때문이지요. "그 여자는 오필리어 같다."라는 말을 들으면 어떤 성격인지 짐작할 수 있고요. 햄릿의 연인이었던 오필리어는 남성의 권력 다툼에 의해 희생되고 자살해요. 고통과 혼란을 극복하지 못하고 생을 포기하는 인물이지요.

영미 근현대 소설을 읽거나 셰익스피어의 소네트, 혹은 낭만주의 시대의 영시를 암송하다 보면 교양으로서의 영문학을 즐기는 기쁨을 느낄 수 있을 거예요.

영어영문학을 전공하면 무엇을 배우나요?

우리나라 대학에서 영어영문학 전공은 좀 더 세분화하여 영문학과 영어학으로 나뉘어요. 이 외에도 영어 전공, 실용영어 전공, 혹은 관광영어 전공 같은 다양한 전공이 있어요. 실용적인 공부를 위주로 하는 대학에서는 문학보다는 어학 능력 향상에 주력해요. 이론보다는 실용회화나 목적에 맞는 글쓰기 등 실기 과목 위주로 공부하고요. 흥미로운 점은 우리나라에서 영어 전공이라고 하면 상대적으로 어학 능력을 강조하여 문학에 대한 초점이 약하지만, 외국 특히 미국 대학에서는 영어 전공이 곧 문학 전공을 지칭한다는 점이에요. 말하자면 우리나라의 영어영문학과는 미국의 영어과인 셈이지요.

영어영문학 전공은 일반대학 중 학생들의 수준이 비교적 높은 대학에서 주로 개설돼요. 영어영문학을 전공으로 하여 영어학과 영문학을 함께 공부하는 학제로 구성되어 있고요. 영어학은 품사론, 구문론, 통사론 등 다양한 언어학 공부를 바탕으로 하고 있답니다. 연구할 때 통계 분석을 종종 활용하기 때문에 문과 속의 이과처럼 느껴지기도 해요. 영문학은 문학작품을 읽고 분석하는 것으로, 읽기와 토론, 비판적 글쓰기 훈련을 집중적으로 하게 됩니다.

비슷하지만 내용과 목적에 차이를 둔 다양한 영문학 관련 전공이 있다는 걸 알게 되었네요. 여러분이 어떤 전공에 더 흥미를 갖고 있는지 모르겠지만, 교양으로서 영문학에 대한 관심은 유지하면 좋겠어요. 책을 가까이하면 나의 관심사와 재능을 더 잘 알고 개발할 수 있거든요.

영문학 전공이 취업에 유리할까요?

영문학을 전공하면 영어 관련 직종뿐만 아니라, 금융권을 포함한 대기업에도 취업하기 좋았던 시절이 있었어요. 한 20년 전의 이야기이지요.

예전에는 영문학 전공자가 금융계에도 많이 진출을 했어요. 영어를 잘하는 것이 여러모로 업무 수행에 도움이 되었기 때문이지요. 그러나 요즘엔 영어를 잘 구사하는 사람이 많고 각 분야의 전문 지식이 고도로 발달한 상황이라, 영문학 전공자보다는 상경계 졸업자가 은행원으로 더욱 적합하다고 할 수 있어요.

문학, 사학, 철학으로 대표되는 인문학 과목이 비인기 학문이 된 것은 낮은 취업률과 연관이 있고, 영문학도 예외는 아니에요. 그나마 해당 언어가 가지는 힘 때문에 영문학 전공자가 다른 인문학도에 비해서는 취업률이 높다고 할 수 있지만, '문사철'이 실업의 대명사가 된 것은 어제 오늘 일이 아니지요.

그래도 우리는 좀 희망적인 얘기를 해보려 해요. 영문학을 전공하거나 관련 공부를 해서 성공한 직업인 셋을 소개할 테니까요. 영문학을 전공해서 '먹고사는' 문제를 해결한 사람들을 보면 좀 더 진지하게 영문학 공부를 생각해 볼 수도 있을 거예요.

자녀에게도 영문학을 권한 디즈니의 마이클 아이스너

1984년부터 2005년까지 월트디즈니사를 이끈 마이클 아이스너(Michael Eisner)는 본인이 영문학 전공자일 뿐 아니라 아들에게까지 영문학 전공을 권한 인물이에요. 자신은 좋아서 영문학 공부를 했을지라도 자녀들에게

• 영문학적 감수성을 바탕으로 월트디즈니사를
훌륭하게 이끈 마이클 아이스너 •

는 그 전공을 권유하지 않는 게 일반적인데 말이에요. 그만큼 그는 영문학에 확신이 있었다고 볼 수 있지요. 아이스너는 독일계 유대인 이민자의 후손이고, 어머니는 유망한 사업가 집안 출신이라고 해요. 증조부는 의류회사를 설립하여 성공했는데, 그 업체가 미국 보이 스카우트에 유니폼을 공급한 최초의 회사였대요. 증조모는 은행을 설립한 집안 출신이라고 하고요.

이런 사업가 가문에서 난 아이스너였지만 정작 그는 경영이나 경제, 금융을 전공하지 않았어요. 대신 데니슨대학교에서 영문학과 연극을 전공했고, 자신의 세 아들에게도 인문학, 특히 영문학을 전공하도록 권고했지요. 그가 영문학 공부를 강조한 이유는 인터뷰에서 한 말을 통해 알 수 있어요. 아이스너는 "문학이란 믿을 수 없을 만큼 유용합니다. 왜냐하면 어떤 일에 종사하건 당신은 인간들 사이의 관계를 다루기 때문입니다."라고 말했어요. 또 "문학이란 사람을 행동하게 만드는 것이 무엇인지 이해하게 해줍니다."라고도 했어요. 문학을 통해 대인관계의 기술을 터득하고, 행동의 동기를 파악할 수 있다는 것이지요.

영어 덕분에 삼수에 성공한 알리바바의 마윈

　다음 인물은 알리바바의 사장이었던 마윈입니다. 그의 이야기는 재미있으니 좀 자세히 할게요. 김동하의 책 『마윈』에 기록된 바에 따르면, 초등학교, 중학교 시절의 마윈은 소위 '일진'에 가까웠어요. 친구와 여러 차례 싸워 수술을 받아야 할 정도였대요. 중학교 때는 강제전학까지 가야했고요. 학교폭력에 연루된 정도가 너무 심했던 것이지요. 그런데 마윈의 싸움에는 일반 일진과 다른 점이 있었어요. 대개 일진이 자신의 욕심이나 불안, 분노 때문에 싸움을 일으킨다면, 마윈은 체구가 작아 괴롭힘을 당하는 친구들을 보호하기 위한 의협심으로 싸움을 감행했거든요. 그래서 친구들 사이에서 마윈은 '협객'으로 통했어요. 안타까운 것은 그런 동기라 할지라도 선생님들이 보시기에는 똑같은 문제 행동이었다는 점이지요.

　일진의 특징 중 하나가 수학을 잘 못한다는 거예요. 물론 예외는 있겠지만 대개 그렇답니다. 수학은 기초가 중요할 뿐 아니라 차분하고 진득하며 부지런해야 잘 할 수 있는 과목이에요. 불안해서 성급하게 덤벼들면 계산 실수를 하고, 얌전하고 깔끔하게 글씨를 못 쓰면 자기가 쓴 글을 알아보지 못해 식 전개와 검산에서 실수를 하지요. 수학적 재능이 있다 해도 꾸준히 문제 풀이를 하지 않으면 주어진 시간 안에 문제를 풀어 정답을 내기 어렵고요. 마윈도 마찬가지였어요. 그는 첫 번째 대학 입학시험 수학 과목에서 120점 만점에 1점을 받았다고 해요.

　대입에 실패한 그는 잡역부 생활을 했어요. 가난한 집안 출신인데 대입에 실패했으니 직업 전선에 뛰어든 것이죠. 그가 한 일은 삼륜 자전거에 잡지를 싣고 배송하는 것이었어요. 그 일을 하다 우연히 루야오의 『인생』이라는 책을 주워 읽었고요. 그는 이 책을 통해 반복되는 실패에도 불구하고 꿈과 열정을 잃지 않는 청년의 삶에 감동을 받았어요. 재수 후 입시에는 수학 점수가 올랐지만 19점이었어요. 또 낙제였지요.

재수를 해도 입시에 실패하자 부모님은 진학을 포기하고 기술을 배우라고 했어요. 그래서 낮에 일하고 밤과 주말에 공부하는 삼수 생활이 시작되었어요. 삼수를 하고 시험을 치르기 전날 그는 예전의 수학 선생님을 우연히 만나요. 입시를 코앞에 둔 마윈에게 수학 선생님은 선생님으로서는 해서는 안 되는 말을 해요. 마윈이 대입에 성공하면 성을 갈겠다고요.

악담이나 저주에 가까운 말을 들으면 기가 죽을 법도 한데 마윈은 포기하지 않았어요. 시험 당일 아침까지 수학의 기본 공식 10개를 달달 외우고 그것을 총동원하여 문제를 풀었어요. 그 결과 79점을 맞았다고 해요. 점수에 맞춰 전문대에 지원한 마윈은 합격을 했어요. 노력에 보람이 있었던 거죠. 게다가 좋은 일이 하나 더 생겼어요. 마침 4년제 대학에 인원이 미달되어 충원을 해야 했는데, 영어 점수가 가장 좋았던 마윈이 대상자로 뽑혔거든요. 그래서 그는 항저우 사범대학 영어과에 진학했어요.

수학을 그렇게도 못한 마윈이 왜 영어는 잘했을까요? 비결은 마윈의 중학교 영어 선생님께 있어요. 매우 아름답고 친절한 여선생님이 학생들에게 부끄러워하지 말고 외국인에게 말을 걸어 보라고 하셨대요. 그 말에 마윈이 집 근처 관광지인 시후(西湖) 주변의 호텔에 가서 외국인과 대화를 시도했고요. '크레이지 잉글리시'로 유명한 영어 강사 리양(李陽)의 '두려움을 떨쳐 버리라'는 말을 가슴에 품고 말이지요. 외국인과 대화를 하면서 그는 학교와 부모로부터 배운 세계와는 다른 실제 세계의 모습에 눈을 뜨게 되었다고 해요. 그리고 그때부터는 항상 무슨 말을 듣든지 자신이 직접 머리를 써서 생각하는 습관을 가졌다고 합니다.

마윈은 언어를 배우는 것이 곧 문화를 배우는 것이라고 했어요. 그리고 문화 이해의 핵심은 상대 문화에 대한 존중이라고 보았지요. 영어로 세상을 보는 안목을 얻고, 창의적이고 독립적으로 사고하는 기술을 배운 마윈은 인터넷을 알게 됩니다. 그리고 인터넷 사업의 미래를 내다보았어요. 당시 마윈은 컴퓨터나 기술에 대한 전문 지식도 없었고, 주변에 인터넷 사업에 낙관하는 사람은 많지 않았는데 말이에요. 이때 마윈의 영어 실력이 빛을 봐요.

• 영어 공부에서 미래를 보았던 마윈 •

항저우에서 최고라고 할 만큼 영어를 잘하게 된 마윈은 두 위대한 인물과 만나게 돼요. 하나는 야후의 창업자 제리 양이고 그다음은 소프트뱅크의 손정의 회장이에요. 제리 양과의 인연은 그가 중국에 관광을 왔을 때 만리장성을 안내해 준 것이었다고 합니다. 손정의 회장은 투자 유치를 위해 만났는데, 손 회장은 마윈의 프레젠테이션을 6분 만에 끊고 2,000억 달러의 투자를 결정했다고 해요. 실제로는 3,000억 달러를 투자하겠다고 했는데, 마윈이 사양하고 2,000억 달러만 받았다고 하네요.

마윈이 인생의 큰 기회를 잡은 것은 영어 능력 때문이었다고 해도 과언이 아니에요. 그가 불굴의 의지로 노력하게 된 원동력은 문학이었고요. 마윈은『인생』이라는 책뿐만 아니라 무협지도 좋아했어요. 조선일보에 실린 기사에 따르면 마윈은 "무협소설을 통해 가상의 세계를 탐미한 것이 나에게 사유의 날개를 달아 줬다."고 말했어요. 영어를 연습하고 문학작품을 읽은 것이 마윈의 시야를 넓히고 창의성을 발휘하게 한 중요한 계기였다고 할 수 있지요.

매력적이고 착한 남자의 대명사, 영화배우 맷 데이먼

마지막으로 맷 데이먼을 살펴볼게요. 몇 년 전 '왜 나쁜 남자가 매력적일까' 하는 주제로 텔레비전에서 여성들이 토론을 한 적이 있어요. 배우 벤 애플렉이 매력적인 나쁜 남자의 예로 언급되었고요. 이야기가 진행되면서 여성들이 나쁜 남자에게 끌리는 원인을 분석하기도 했어요. 고통을 예측하면서도 나쁜 남자의 매력에 빠져들 수밖에 없는 데 대한 한탄도 나왔고요. 그때 누군가 말했어요. 매력이 있지만 나쁘지 않은 남자도 있다고 말이지요. 모두의 시선이 쏠리고, 다들 그게 누구냐고 다그쳤어요. 맷 데이먼이라는 대답에 수긍하는 분위기였지요. 맷 데이먼은 2007년 《피플(PEOPLE)》이라는 잡지에서 가장 매력적인 남자로 꼽히기도 했답니다.

맷 데이먼은 영화 〈마션〉의 주인공으로 잘 알려져 있어요. 그가 스타가 된 것은 영화 〈굿 윌 헌팅〉에 출연하면서부터였다고 하고요. 그는 하버드 대학교 영문과를 중퇴했어요. 흥미롭게도 맷 데이먼은 벤 애플렉과 먼 친척이랍니다. 1997년에 아카데미 각본상을 수상한 〈굿 윌 헌팅〉도 맷 데이먼과 벤 애플렉이 함께 쓴 것이었어요. 매력적이지만 나쁜 남자의 대명사와 나쁘지 않은 매력남의 대표가 사실은 10촌 관계이고, 함께 대본을 쓴 적도 있었던 거죠.

어린 시절부터 맷 데이먼은 문학에 재능을 보였다고 해요. 중학교 때 시나리오와 단편소설을 썼고 연극 연출도 했다고 합니다. 고등학교 때는 이웃에 사는 저명한 사회학자 하워드 진과 교류했다고 해요. 하워드 진은 유대계 이민자 가정 출생

• 영화 〈마션〉에서 우주비행사 역을 맡았던 맷 데이먼 •

으로 노동자 출신의 역사학자이자 사회학자이며 희곡작가입니다. 인권과 반전을 주장한 진보적인 사상가이고요.

맷 데이먼 역시 사회참여적 인물이에요. 미 국가안보국(NSA, National Security Agency)의 사생활 감시 프로그램을 폭로한 에드워드 스노든을 지지했고, 개발도상국에 깨끗한 물을 공급할 목적으로 water.org를 창설하기도 했습니다. 루게릭 환자를 돕는 차원에서 아이스버킷 챌린지(얼음물을 덮어서 기부를 장려하는 행위)를 할 때 맷 데이먼은 변기물을 사용했답니다. 그 물이 물 부족 국가의 물보다 깨끗하다면서 말이지요.

맷 데이먼은 졸업에 필요한 학점이 12학점 남았을 때 하버드대학을 떠났습니다. 어떤 사람은 이를 두고 영문학 학위보다도 더 소용없는 건 73%의 영문학 학위라고 말하기도 했답니다. 12학점이 부족한 맷 데이먼의 상태를 73% 영문학 학위로 표현한 것이지요. 그러나 맷 데이먼의 성공에는 영문학 공부가 결정적인 기여를 했다고 볼 수 있어요. 맷 데이먼이 수상한 아카데미 각본상은 하버드대학교 재학 당시 과제물로 제출했던 대본을 발전시킨 것이었으니까요. 그는 영문학을 전공하면서 글쓰기 훈련을 했고, 실제 연기에 참여하며 배우, 시나리오 작가, 그리고 연출가의 길을 준비했어요.

맷 데이먼이 학업을 중단한 이유는 영화 〈제로니모(Geronimo)〉에 출연하기 위해서였다고 합니다. 당시 그는 이 영화에 출연할 기회를 잡는 것이 대학을 졸업하는 것보다 더 중요하다고 생각했다고 해요. 영화배우라는 직업을 맷 데이먼이 어떻게 보았는지는 다음의 명언을 통해 이해할 수 있습니다. "실제로 보잘 것 없는 사람이기보다는 가짜라도 어엿한 사람인 것이 낫다(It's better to be a fake somebody than a real nobody)."는 말이에요. 얼핏 보면 거짓을 조장하고 가장을 옹호하는 것처럼 느껴지지만, 가만히 속뜻을 생각해 보면 맷 데이먼이 자신의 직업관을 표현한 말로 읽을 수 있어요. 무난하고 평범한 일상을 살기보다 꿈을 추구하고 노력하는 삶을 연기하는 편이 낫다는 의미로 볼 수 있거든요. 그가 하버드대학교의 학위를 포기하면서까지 영화의 세계에 뛰어든 이유를 짐작하게 하는 말이지요.

　마이클 아이스너, 마윈, 맷 데이먼은 영문학 관련 전공을 통해 꿈을 키웠을 뿐 아니라 실제로 자신의 진로를 결정하고 업무상 큰 도움을 받았어요. 그러니 교양으로서의 영문학을 넘어 전공으로서의 영문학에 관심을 갖게 된다 하더라도 취업난을 두려워해 물러설 필요는 없을 것 같아요.

왜 영문학을
공부해야 할까요?

영문학을 공부하면 뭐가 좋은가요?

영문학이라고 하면 아직도 영어가 먼저 떠오르는데, 영문학을 읽기 위해서는 영어를 얼마나 잘해야 할까요? 그리고 영문학을 공부하면 얻는 이점은 무엇일까요? 첫 번째 질문부터 생각해 볼게요. 여러분은 언제쯤 한국 소설을 읽을 때 이해가 술술 잘되던가요? 단어나 표현을 이해하는 데 큰 어려움을 느끼지 않고 말이에요. 초등학교를 졸업하고 중학교에 진학하니 문학작품을 큰 무리 없이 이해할 수 있지 않던가요? 물론 문학 이해에 적합한 언어의 수준을 객관적으로 말하기는 어려워요. 개인차도 있고 작품의 난이도도 다르니까요. 다만 대략적으로 해당 언어를 모국어로 쓰는 사람이 초등교육을 마친 수준이라면 문학 이해와 감상의 기본적인 틀은 마련되었다고 볼 수 있어요.

외국인으로서 영문학 공부를 할 때는 말하기, 듣기, 읽기, 쓰기 중 특히 읽기 능력이 중요해요. 알파벳을 겨우 깨치고 아주 쉬운 단어조차 사전을 뒤져야 하는 사람이라면 영문학 공부가 어렵겠지요. 탄탄한 어휘력과 기본적인 문법 지식이 잘 갖추어져 있는데다 언어 감각도 뛰어나다면 작품을 이해하고 행간의 의미를 파악하기가 상대적으로 쉬울 테고요. 예외적인 경우로, 어휘력과 문법 이해 수준이 낮음에도 불구하고 문학작품을 꾸준히 읽으면서 독해력을 향상시키는 사례도 있어요. 그러니 반드시 영어 능력이 어느 수준 이상이어야 영문학 공부를 할 수 있다고 단정 짓기는 어려워요.

기본적인 영어 구사력 외에 중요한 것은 영문학을 공부하는 태도와 문학적 역량이에요. 영문학은 실용 학문이 아니기 때문에, 공부를 한다고 당장 쓸모 있는 지식이나 기술을 갖추지는 못해요. 작품을 감상하고 분석하며 인간과 세계에 대한 이해와 사고를 키워가는 것이 보람인데, 이 역시 단번에 이루어지지 않지요. 그러니 영문학을 공부하는 사람들은 외국어에 대한 관심뿐 아니라, 텍스트와 콘텍스트(context, 맥락이라는 뜻으로 작품 주변의 관계와 배경을 말함)를 탐색하는 집요함과 끈기가 필요해요. 거기다 문학적 장치와 기법을 이해하고 숨은 의미를 해석해야 하지요. 당장의 유용성보다는 지속적이고 변하지 않는 가치를 찾아가려는 끈기가 있어야 가능한 일이에요. 지금 갖춘 영어 실력보다는 계속 배우려는 호기심과 도전정신, 그리고 문학에 대한 관심과 사랑이 중요하고요.

여전히 영문학 공부에 적합한 영어 실력을 가늠하기 어려운 사람을 위

• 「천로역정」의 저자 존 버니언의 초상 •

해 한 인물을 소개할게요. 영문학 사에 길이 남을 걸작인 『천로역정』 의 저자 존 버니언(John Bunyan, 1628~1688)입니다. 그는 초등학교를 겨우 졸업한 대장장이였답니다. 그 러나 성경을 반복해서 읽고 그 의미 를 곱씹으며, 구원에 이르는 순례의 길을 문학으로 승화시켜 표현했어 요. 학식이 뛰어나지 않은 버니언의 간결하고 소박한 문체는 오히려 작 품의 가치를 더해 주었답니다. 뛰어난 문학가의 창작 여정이 이러하다면 문학을 배우는 학생이나 감상하는 독자의 수준도 터무니없이 높게 설정할 필요는 없을 거예요.

영어가 벽으로 느껴진다 하더라도 인내심을 가지고 작품을 읽다 보면 차차 영어 실력도 늘고 독서의 즐거움도 깨달으리라 기대합니다. 무슨 일 이든 처음에는 익숙하지는 않아 어렵게 느껴져요. 그러나 한 단계씩 발전 하며 성장할 때 느끼는 보람을 위해서라면 그 수고가 아깝지 않을 거예요.

문학의 목적은 교훈일까요, 재미일까요?

여러분은 문학작품을 왜 읽으세요? 독서 이력을 남기기 위해서? 백일장 대회를 위해서? 숙제를 하기 위해서? 혹시 스스로 골라 읽은 소설이 있나요? 책을 선택할 때 기준은 뭔가요? 도중에 집어던지지 않고 끝까지 재미있게 읽은 책이 있다면 이유가 뭐였나요?

문학의 효용, 즉 문학의 쓸모가 무엇인지에 대한 논의는 오래전부터 있었어요. 고대 그리스의 철학자였던 플라톤과 아리스토텔레스도 문학의 가치에 대해 말했지만, 아마 그보다 더 오래전에도 문학에 대한 논의는 있었을 거예요. 무언가가 생겨나면 그것을 정의하고 평가하는 움직임이 생겨나니, 문학의 기능과 효과에 대한 이야기는 문학의 탄생과 더불어 시작되었다고 해도 과언이 아니겠지요.

플라톤(BC 429?~347)과 아리스토텔레스(BC 384~322) 이야기가 나왔으니 이들의 문학관을 한번 짚고 넘어갈게요. 이름만 들어도 어렵고 지루한 철학자라는 생각에 벌써부터 골치가 지끈지끈하지는 않겠죠? 여기서 우리는 짧게 핵심만 살펴볼 테니 염려하지 않아도 됩니다. 특히 문학에 대한 입장만 간단히 살펴볼게요.

플라톤은 "너 자신을 알라."라는 말로 유명한 철학자인 소크라테스의 제자예요. 소크라테스는 직접 책을 쓰지는 않았어요. 대신 플라톤이 소크라테스가 한 말이나 그가 제자들과 나눈 대화를 기록했지요. 플라톤 철학의 대표적 개념 중 하나가 '이데아'라는 것인데, 이데아란 모든 사물의 본질

플라톤은 인간이 경험하는 세계가 사물의 본질인 이데아 자체가 아니라,
동굴의 벽에 비친 그림자와 같다고 주장했어요.

이자 이상을 뜻해요. 눈에 보이지는 않지만 보이는 모든 것의 이상적인 근원을 말하는 것이지요.

유명한 '동굴의 비유'도 이데아를 설명하는 이야기예요. 태양은 이데아를 상징하고, 동굴 속의 죄수는 이데아의 간접적인 반영만을 볼 수 있는 인간의 상태를 뜻하지요. 묶여 있는 죄수는 자신의 등 뒤에 있는 무대의 장면을 직접 보지 못해요. 다만 횃불에 비친 그림자만 볼 수 있지요. 그런데 죄수는 횃불에 비친 형상 밖에 볼 수 없기 때문에, 그것이 사물의 그림자가 아니라 진짜라고 인식한다는 거예요. 이 비유로 플라톤은 인간이 경험하는 세계는 이데아가 아니라 실재(reality)의 그림자일 뿐이라고 설명해요. 그래서 이데아를 명상하고 추구하는 것을 중요시했고요.

플라톤의 문학관을 이야기하는데 왜 이데아가 나오는 것일까요? 그건 바로 문학이 허구이기 때문이에요. 문학은 사실의 기록이 아니라 있을 법한 이야기를 지어낸 것이니, 플라톤의 입장에서 보면 가짜예요. 철학자의 눈으로 봤을 때 가짜에 사로잡히는 것은 지혜롭지 못하겠죠? 그래서 플라톤은 문학, 특히 그 당시에 인기 있었던 서사시와 비극을 비판했어요. 급기야 이상 국가에서 시인을 추방해야 한다는 주장마저 펼쳤고요. 그러나 이것은 시 자체를 무시한 것이라기보다, 당시 교육에서 문학을 철학보다 우선시한 데 대한 비판에 가깝다고 할 수 있어요. 다시 말해 이전까지 문학을 중심으로 이루어지던 교육을 철학 중심으로 바꾸려는 주장이었지요.

반면 플라톤의 제자 아리스토텔레스는 문학에 대해 우호적이었어요. 『시학』(BC 335)이라는 책에서 문학의 가치를 인정하고 시를 쓰는 기술까지

• 플라톤의 제자 아리스토텔레스의 흉상 •

설명했지요. 아리스토텔레스는 비극의 정의와 구성요소, 플롯의 중요성에 대해 말했고, 문학 특히 비극의 우수성을 칭찬했어요. 그도 문학을 현실의 모방이라고 보았지만, 있을 법한 일을 표현한 문학은 역사에 비해 보편적이고 철학적이라고 평가했어요.

아리스토텔레스는 그런 모방이 극적으로 표현될 때 뛰어난 문학적 효과가 나타난다고 설명했어요. 영웅이 과오와 무지로 인해 비극적으로 몰락하는 것을 보며 관객은 연민과 공포를 통해 '카타르시스'라는 일종의 감정적 정화를 경험한다고 말했고요. 카타르시스란 원래 배변을 뜻하는 의학적 용어예요. 아리스토텔레스는 이를 콤플렉스나 공포 등을 배출하여 경감시키는 정서적 해소로 설명하고 있어요.

플라톤과 아리스토텔레스는 모두 문학이 현실의 모방이며 흥미를 유발하는 강력한 힘을 지니고 있음을 인정했어요. 다만 그들의 차이는 그 모방의 가치를 긍정적으로 평가하느냐 부정적으로 보느냐에 있다고 할 수 있지요.

모든 게 그렇지만 특히 문학작품은 재미있어야 하죠. 재미가 없으면 붙잡고 들여다보기 어려우니까요. 그러나 재미에만 그치면 곤란하죠. 삶에 대한 통찰이나 교훈이 없다면 문학의 가치를 인정하기가 쉽지 않을 테니까요. 재미가 있어 푹 빠져 읽긴 했는데, 독서를 마친 후 더 우울하고 무기력해진다면 과연 계속 그런 책만 읽도록 권할 수 있을까요? 여러분이 문학작품을 고르는 과정도 마찬가지일 거예요. 재미와 교훈을 두루 갖춘 작품을 찾겠죠. 신나게 읽었는데 남는 게 하나도 없거나, 배울 건 많은데 너무 지루한 작품은 곤란할 거예요.

재미와 교훈을 두루 갖춘 작품을 찾기가 쉽지 않을 때 돌아갈 수 있는게 고전이에요. 시간과 공간을 넘어 흥미를 느끼고 교훈을 얻을 수 있는작품이 고전이니까요. 웹툰이나 인터넷 동영상만 보다가 고전을 읽으면문자에 익숙하지 않고 호흡이 길어 지루하게 느껴질 수 있어요. 그러나 조금 더 진득하게 견디며 읽다 보면 그 깊이와 폭에 감동하게 될 거예요. 고전을 통해 얻은 독서 능력과 사고하는 힘은 우리의 삶에 중요한 자원이 된답니다. 잊지 마세요. 알리바바를 만든 마윈이 가망 없는 재수생 시절을보낼 때 용기를 준 것도 한 권의 소설이었음을 말이에요.

문학의 핵심, 상상력과 공감

문학이 있을 법한 이야기를 만들어 낸 허구인 것처럼, 우리의 일상 역시상상 속의 세계와 연결될 때가 많아요. 매일 반복되는 평범한 나날 속에서신비롭고 새로운 것을 꿈꾸고 찾아가는 게 인생이니까요. 문학은 현실이 아니지만, 있을 법한 일을 상상하여 언어로 구축한 세계랍니다. 문득 떠오르는 아이디어나 작은 기삿거리, 혹은 사소한 사건사고를 발전시켜 커다랗고 정교한 세상을 만들어 내기도 해요. 그러니 문학과 상상력은 분리하기 어려워요. 상상력 없는 문학은 존재할 수 없다 해도 과언이 아니지요.

상상력에 대해서 좀 더 알아볼게요. 상상력(想像力)은 말 그대로 형상을 생각해 내는 능력이에요. 영어 'imagination'도 이미지를 만들어 내는 능력이라고 할 수 있고요. 상상력으로 우리는 보이지 않는 것을 마치 보는 것처럼 생생하게 표현할 수 있어요.

영문학에서 상상력을 특히 중시했던 인물은 낭만주의 시대의 시인들이었어요. 이들은 상상력을 이해력, 창조력, 통찰력의 근원으로 보았어요. 이성을 능가하는 인간 최고 자질이 상상력이라고 평가한 것이지요. 19세기

• 영국 낭만주의의 대표적 시인으로 꼽히는 퍼시 셸리 •

낭만주의를 대표하는 시인 중 하나인 퍼시 셸리(Percy Bysshe Shelley, 1792~1822)가 『시의 옹호(A Defence of Poetry)』(1840)라는 글에서 분석적 이성(analytic imagination)보다 종합적 상상력(synthetic imagination)을 우월하게 본 것 역시 같은 맥락이에요. 그는 이성이 논리적 사고로 차이를 존중한다면, 상

상력은 사물을 인식하는 힘이고 유사성을 존중한다고 보았어요. 영원하고 아름다운 시의 세계를 창조하는 힘은 상상력에 있다고 주장했고요.

상상력과 공감은 문학 창작과 감상의 핵심이라고 할 수 있을 거예요. 상상력으로 허구의 세계를 만들고, 공감을 통해 문학 속 세계를 이해하고 수용할 수 있으니까요. 공감은 영어로 sympathy인데요, sym은 '함께'를 의미하고 pathy는 '감정'을 뜻해요. 감정을 함께 느낀다는 뜻이지요. 공감을 통해 작가가 예술적으로 구현해 놓은 문학 세계로 들어가기도 하고 남의 상황이나 감정을 헤아리기도 하지요.

낭만주의 시인인 퍼시 셸리는 공감 능력을 특히 강조하면서 상상력과 공감을 비슷한 개념으로 보았어요. 착한 사람과 그렇지 않은 사람을 구분할 때의 기준을 타인의 감정과 생각을 상상할 수 있는 능력을 갖추고 있는지 여부로 평가했거든요. 타인의 감정과 생각을 상상하는 것이 곧 공감이니 이 두 개념은 셸리에게 매우 흡사한 의미라고 할 수 있어요. 남의 입장에서 생각하는 능력이 있으면, 그러니까 역지사지(易地思之, 처지를 바꾸어 생각함)할 수 있으면 남을 함부로 대하지 않겠죠. 그러니 자연스럽게 착한 행동이 나올 수밖에 없고요.

영문학에서 말하는 상상력과 공감은 문학 창작과 감상의 핵심 개념일 뿐 아니라, 문학을 통해 바람직한 일상을 살아가기 위해 중요한 자질이라고 할 수 있어요. 같은 책을 읽고 같은 영화를 보아도 범죄를 모방하고 욕설을 배우는 사람이 있는가 하면, 지혜를 터득하고 남의 아픔을 헤아려 배려하는 사람이 있거든요. 허구의 세계가 주는 재미에 머무는 것이 아니라, 문학을 통해 더 나은 내가 되기를 바라는 것이 상상력과 공감의 기능이 아닐까 생각해 봅니다.

영문학보다 러시아 문학이 심오하다고 하던데요

영문학의 영향력을 인정하면서도 문학적 깊이나 폭은 러시아 문학이 단연 으뜸이라는 사람들이 있어요. 정말 그럴까요? 그렇다면 왜일까요? 아니라면 영문학의 뛰어난 가치는 무엇일까요? 러시아를 대표하는 작가와 문학의 경향을 살펴보면서 생각해 볼게요.

러시아 문학이라고 하면 문호(文豪, 문학의 호걸이란 뜻으로 뛰어난 작가를 의미함) 도스토예프스키(Fedor Mikhaylovitch Dostoevsky, 1821~1881)와 톨스토이(Leo Nikolaevich Tolstoy, 1828~1910)가 떠오르죠. 여기다 푸시킨(Aleksandr Sergeevich Pushkin, 1799~1837)이나 투르게네프(Ivan Sergeyevich Turgenev, 1818~1883), 고리키(Maxim Gorky, 1868~1936), 체호프(Anton Che-khov, 1860~1904), 솔제니친(Aleksandr Solzhenitsyn, 1918~2008)이 생각날 수 있고요.

러시아 문학은 9세기부터 형성되었다고 하지만, 본격적으로 발전한 것은 19세기라고 할 수 있어요. 위에서 언급한 위대한 작가들도 대부분 19세기에 활동했고요. 이 시대의 러시아 문학은 소위 '사회주의 리얼리즘'이라고 하는 경향이 강했어요. 사회를 있는 그대로 사실적으로 묘사하되 현실의 부조리를 고발하여 모순점을 해결하고자 하는 문학으로, 문학을 통해 사회를 비판하고 개선하려는 것이지요. 따라서 러시아에서 작가는 단순한 예술가가 아니라 사회의 지도자로 여겨졌어요. 이러한 인식은 1917년 볼셰비키 혁명이라 불리는 러시아 혁명까지도 이어졌고요.

러시아 문학의 깊이는 사상적 심오함뿐만 아니라 모든 계층을 아우르는 포용성으로도 나타나요. 여기에는 인종적·지리적 영향도 있어요. 100여 민족이 함께하고 10여개 국가와 국경을 마주한 러시아의 특성상 다양한 문화를 포용하고 여러 국가와 교류할 수밖에 없거든요. 이 과정에서 러시아 문학은 깊이 있고 폭넓은 사상과 가치를 형성하게 되지요.

러시아에서는 문학을 문학 이상의 어떤 것으로 생각하는 경향이 강했어요. 문화의 핵심도 문학으로 보았고요. 심지어는 러시아인으로서의 정체성 역시 러시아 문학을 이해하고 사랑하는 데서 찾는다고 합니다. 그러니 러시아에서는 철학자, 정치인, 역사가, 법률가의 역할이 문학가에게 주어졌다고 해도 과언이 아니랍니다. 다른 나라의 문학에 비해 러시아 문학이 심오하고 치열해질 수밖에 없었지요.

러시아 문학은 제1차 세계대전 전후로 영미 문학에도 영향을 미쳤어요. 인간성에 대한 탐색과 반전(反戰, 전쟁에 반대함)을 주제로 한 작품이 반향을 일으킨 거죠. 러시아 문학은 인간의 죄와 타락, 구원의 문제를 사상적, 지리적 방대함뿐만 아니라 깊이 있는 성찰을 통해 탐색한답니다. 영문학의 영향이 전지구적이라면, 러시아 문학은 철저히 러시아적이되 그 사상적 깊이와 인간 이해의 폭이 국적과 지리를 초월한다고 볼 수 있어요.

영문학 공부를 위해
어떤 지식이 필요한가요?

영문학에는 왜 성경의 비유가 많죠?

영문학작품 중에는 성경의 비유가 많아요. 성경의 일화가 작품의 줄거리인 경우도 빈번하지요. 한 예로 17세기 영국에서 활약한 작가 존 밀턴(John Milton, 1608~1674)의 『실낙원』을 들 수 있어요. 이 작품은 성경의 창세기에 나오는 아담과 하와의 타락을 중심으로 해서 예수님의 탄생과 구속사까지 성경의 전반적인 내용을 다루고 있어요. 버니언의 『천로역정』도 성경의 내용을 바탕으로 한 인간이 구원에 이르는 과정을 그리고 있고요. 이렇게 성경이 직접적인 소재로 쓰인 경우도 있지만, 죄와 구원의 문제를 다루면서 간접적으로 성경을 언급한 예도 많아요.

왜 그럴까요? 첫째는 서구 문화에서 기독교가 보편적인 토대가 되었기 때문이라고 할 수 있어요. 서기 313년 로마제국에서 기독교가 공인되고

서기 380년 콘스탄티누스 1세가 니케아 공의회를 통해
기독교를 국교로 인정한 이후
유럽은 기독교에 깊은 영향을 받았어요.

380년에 국교로까지 인정된 후 유럽은 기독교에 깊은 영향을 받았어요. 다음으로 영국의 종교적 특성을 들 수 있어요. 유럽에서도 유독 영국은 기독교에 큰 영향을 받았어요. 영국에는 600년 전후로 기독교가 전파되었는데, 헨리 8세가 이혼 문제로 로마 가톨릭과 대립하면서 종교개혁이 본격화되었어요. 그로 인해 종교적 갈등과 대립, 그리고 개혁의 과정이 영국 문학의 제재가 되기도 했고요.

지금 영국에서는 동성애 허용 등 자유주의 신학의 물결이 들어오면서 기독교가 쇠퇴하고 있어요. 2016년에는 무슬림교도가 런던 시장으로 당선되기도 했고요. 그러나 20세기 초까지 영문학의 주요 작품에서는 여전히 기독교가 중심 사상이었습니다. 그러니 성경을 아는 만큼 영문학을 이해하는 폭이 넓어진다고 볼 수 있지요.

영문학을 읽기 위해 그리스어와 라틴어를 알아야 하나요?

영문학을 포함한 유럽 문학의 또 다른 뿌리는 고대 그리스와 로마의 문학과 문화라고 할 수 있어요. 그리고 고전 중의 고전이라고 불리는 작품으로는 고대 그리스 시인 호메로스의 『일리아드』와 『오디세이』, 로마 시인 베르길리우스의 『아이네이스』를 꼽을 수 있어요. 이들 작품에 사용된 고대 그리스어와 라틴어를 흔히 '고전어'라 부릅니다.

현대의 영문학자들 중에는 고대 그리스 로마의 서사시를 원어로 읽을 수 있는 사람들이 예전에 비해 많지 않을 거예요. "It's all Greek to me(무슨 말인지 하나도 모르겠다)."라는 표현처럼 그리스어는 난해함의 상징이 되었고, 라틴어는 점점 쇠퇴하여 오늘날 사어(死語, 옛날에는 썼으나 오늘날에는 쓰이지 않는 말)가 되었으니 말이에요. 물론 여전히 호메로스를 그리스어로, 베르길리우스를 라틴어로 읽겠다는 목표를 둔 영문학자도 있답니다. 고전을 고전어 원전으로 읽는 감동이 남다를 테니, 어렵지만 도전해 볼 만한 과제겠지요.

호메로스와 베르길리우스의 작품은 등장인물들이 많고 다양하며 장엄한 스토리에 분량도 방대해요. 한국에서는 영문학 전공자라 해도 모두가 이 작품을 읽지는 않았을 거예요. 그리스어나 라틴어가 아니라 영어 번역이라도 말이지요. 그러나 우리가 한자 문화권에 속하듯, 영문학도 고대 그리스어와 로마의 문학에 영향을 받았기 때문에 이 작품들을 꼭 읽어 보라고 권하고 싶어요. 고전은 시대에 동떨어진 지루하고 케케묵은 책이 아니라 반복해서 읽어도 지겹지 않고, 시공을 넘어 감동과 영향력을 가진 작품이거든요.

그리스 로마 신화를 모르면 영문학을 이해하기 어려운가요?

그리스 로마 문학에는 신화 속 인물이 참 많이 등장하지요. 고대의 인간이 만들어 낸 이야기들이 신에 관한 것이라는 점은 매우 흥미로운 사실이

• 오르페우스와 에우리디케 •

에요. 왜 사람들은 자연의 현상과 인간의 문제를 초자연적이고 신적인 방법으로 해석하고 설명하려 할까요? 또 여러분들은 고대 그리스 로마 신화에서 어떤 인물이 가장 먼저 떠오르나요? 제우스, 헤라, 혹은 헤라클레스인가요? 아니면 다른 특정한 역할을 맡은 신인가요? 신화에 관심을 갖고 있다면 역할이 비슷해도 그리스 신화와 로마 신화 속 신들의 이름이 다른 것을 아시죠? 제우스가 주피터이고, 아프로디테가 비너스인 것처럼 말이에요. 문학작품에서 신화 속 인물들은 다양하게 인용되면서 인간사의 여러 모습을 통찰력 있게 보여 주고 과거를 기억하며 미래를 내다보는 역할을 합니다.

　영문학을 공부하다 보면 시를 읽다가 오르페우스라는 인물을 발견할 때가 있어요. 오르페우스는 그리스 신화에 나오는 시인이자 연주자예요. 서사시의 여신이라는 칼리오페의 아들이고, 리라를 매우 잘 연주해서 음악의 아버지라 불렸죠. 그가 유명한 건 지옥에서 하데스와 만난 일화 때문이에요. 사연은 다음과 같아요. 오르페우스가 사랑해서 결혼한 님프(Nymph, 요정) 에우리디케가 있었는데, 불의의 사고로 죽고 말아요. 오르페우스는 그녀를 찾아 지옥까지 가지요. 오르페우스의 노래에 감동한 지옥의 왕 하데스는 에우리디케를 돌려보내 주겠다고 하고요. 단, 오르페우스가 앞서 가면 에우리디케가 뒤따라가게 할 테니, 뒤를 돌아보면 안 된다는 조건을 걸었어요. 어떻게 됐을까요? 하지 말라고 하면 하고 싶거나 하게 되는 게 인간이 종종 보이는 모습이잖아요. 오르페우스는 참다 참다 마지막 순간에 방심해서 뒤돌아봤어요. 결국 에우리디케는 다시 저승으로 가고 말았지요. 그래서 오르페우스의 노래라고 하면 지옥의 신도 감동시킬 만한 뛰어난 재능을 의미하는 한편, 어쩔 수 없는 한계와 비극을 암시하기도 해요.

요즘은 인터넷이 발달해 있으니 신화의 인물도 검색만 쉽게 찾아볼 수 있어요. 여기서는 주요 인물 몇 명만 정리해 볼게요.

데메테르(Demeter): 곡물과 수확의 여신, 로마 신화의 케레스(Ceres)

아레스(Ares): 전쟁의 신, 로마 신화의 마스(Mars)

아테나(Athena): 지혜와 전쟁의 여신, 로마 신화의 미네르바(Minerva)

아르테미스(Artemis): 사랑과 달의 여신, 로마 신화의 다이아나(Diana)

아폴론(Apollon): 태양, 의술, 궁술, 음악과 시를 주관하는 신,

로마 신화의 아폴론(Apollo)

아프로디테(Aphrodite): 아름다움과 사랑의 여신,

로마 신화의 비너스(Venus)

제우스(Zeus): 번개의 신이자 그리스 신화의 주신(主神),

로마 신화의 주피터(Jupiter)

포세이돈(Poseidon): 바다의 신, 로마 신화의 넵튠(Neptune)

하데스(Hades): 죽음과 지하 세계의 신, 로마 신화의 플루토(Pluto)

헤라(Hera): 결혼과 가정의 여신, 로마 신화의 주노(Juno)

헤르메스(Hermes): 여행과 웅변의 신, 로마 신화의 머큐리(Mercury)

헤스티아(Hestia): 화덕과 가정의 신, 로마 신화의 베스타(Vesta)

프랑스어가 귀족의 언어라고요?

영어를 공부하다 보면 영어에는 프랑스어에서 유래한 단어가 꽤 많다는 사실을 알게 돼요. 그리고 프랑스어는 교육받은 사람들이 사용하는 고급 언어 같고, 영어는 평범한 사람들이 쓰는 언어 같다는 인상을 받기도 해요. 왜 그럴까요?

영어에 프랑스어 어휘가 많아지고 프랑스어가 귀족적인 언어로 여기지게 된 결정적인 계기는 1066년에 일어난 노르만 정복 사건이었어요. 이때 잉글랜드는 노르망디 지방의 공작 윌리엄 1세, 일명 정복왕 윌리엄에게 함락되었어요. 노르망디 지방은 지금의 프랑스 영토에 해당합니다. 1066년 성탄절에 윌리엄은 웨스트민스터 사원에서 왕위에 올랐어요. 그

• 프랑스 유네스코 세계문화유산인 바이외 태피스트리에 나타난 노르만인들의 잉글랜드 정복 전쟁 •

는 대관식 선서 때 영국의 전통을 유지하겠다고 했지만, 잉글랜드의 귀족 세력과 잉글랜드 고유어의 힘은 쇠퇴할 수밖에 없었어요. 지배계층에서 프랑스어 사용이 두드러졌기 때문에 프랑스어가 귀족의 언어로 인식되는 경향이 생겨났지요. 영어에도 프랑스어 계통의 어휘가 늘어났고요. 언어 학자들에 따르면, 현재 사용되는 영어 어휘 중 2만 단어 이상이 프랑스어에서 왔다고 합니다.

영어가 다시 힘을 얻게 된 것은 1204년경 노르만인이 프랑스 노르망디지역의 지배권을 잃으면서부터였어요. 영국에 거주하던 프랑스 귀족들은 프랑스와 영국 중 어디를 따를지 선택해야 했고, 영국에 남는 한 영국에 충실할 수밖에 없었지요. 게다가 1337년 백년전쟁이 시작되면서 영국과 프랑스가 적이 되자 영국적인 것을 소중히 하는 풍토가 생겨났어요. 이 무렵에는 영국의 왕족과 귀족도 프랑스어가 아닌 영어를 쓰게 되었고요.

프랑스가 유럽에서 큰 지배력을 행사하던 17세기 초부터 제1차 세계대전 발발 직후까지 프랑스어는 유럽의 공식 외교언어였어요. 그러나 19세기까지 영국 역시 부지런히 그 영향력을 확장했지요. 여러 나라에서 영어의 중요성을 깨닫고 자발적으로 영어를 배우고 사용하는 사람들이 늘어났고요. 20세기 들어 미국의 영향력이 커지면서 영어는 국제어로 더욱 발돋움하게 되었어요. 자유를 누리는 많은 사람들은 영어를 통해 세상과 소통하고 자신의 역량을 펼치게 되었고요.

영국에도 르네상스가 있었다고요?

영국 르네상스 시대의 대표적인 작가로는 토머스 모어(Thomas More, 1478~1535), 에드먼드 스펜서(Edmund Spenser, 1552~1599), 필립 시드니 경, 존 밀턴, 그리고 윌리엄 셰익스피어를 꼽을 수 있어요. 이상하죠? 르네상스라고 하면 14세기 말로 알고 있는데, 이 작가들은 15~17세기에 활동했으니 말이에요. 그건 섬나라라는 영국의 특징 때문이에요. 14세기 말에 시작한 이탈리아의 르네상스는 15~16세기에 걸쳐 유럽에 전파되었고, 대륙과는 바다를 사이에 두고 떨어져 있는 섬나라인 영국에서는 이보다 조금 더 늦게 문예부흥이 이루어졌거든요. 시기상으로 구분하자면 영국의 르네상스 시대는 1500년에서 1660년까지로 본답니다. 1660년은 찰스 2세가 왕위에 복귀하여 왕정복고가 이루어진 해예요. 그래서 1660년

• 이탈리아 피렌체의 전경. 오른쪽의 커다란 돔은 대표적 건축물인 산타 마리에 델 피오레 대성당 •

부터 1688년의 영문학은 왕정복고기의 영문학으로 부르지요.

늦게 시작하긴 했지만 영국 역시 이탈리아의 르네상스에 영향을 받았으니 이탈리아 르네상스의 특징을 잠깐 살펴볼게요. 무엇이 먼저 떠오르나요? 이탈리아 중부에 있는 피렌체라는 도시가 떠오를 수 있겠네요. 그런데 왜 이탈리아, 그것도 피렌체라는 도시에서 르네상스가 시작되었을까요? 그것은 이탈리아가 갖는 지리적인 특성과 피렌체라는 도시의 성격 때문이었어요. 이탈리아는 이슬람이나 비잔틴 세계가 서유럽 문명과 이어지는 다리 역할을 했거든요. 덕분에 다른 유럽 지역보다 더 일찍 봉건제도가 무너지고 상업과 도시가 발달해, 시민계급이 성장하고 인간 중심의 문화가 발달했어요. 피렌체는 무역과 방직이 발달했고 금융의 중심이 되는 도시였어요. 그곳에서 막강한 권력과 자본을 가진 메디치 가문이 문학과 예술을 후원했답니다.

르네상스 시대의 대표적인
특징은 휴머니즘(humanism)
이라고 할 수 있어요. 휴머니
즘은 인본주의(人本主義)로 해
석되기도 하고, 인문주의(人文
主義)로 설명되기도 해요. 인
본주의는 말 그대로 인간이
근본이라는 사상이에요. 인간
중심의 가치관이지요. 인문주
의는 인문학 중심 사상을 말
해요. 인문주의의 사전적 의

• 기독교 인문주의자로 평가받았던 에라스무스 •

미는 '그리스·로마의 고전을 통해 인간의 존엄성 회복과 문화적 교양의
발전에 노력'하는 정신 운동이에요.

앞에서 이야기한 것처럼 기독교 공인 이래 서유럽의 문화는 기독교 문
화에 깊은 영향을 받았어요. 그래서 인간보다 신을 중시했지요. 그런데
르네상스는 기독교가 서유럽 문명에 영향을 주기 전의 그리스·로마 시대
의 문화를 부활시킴으로써 신이 아니라 인간을 문화의 중심으로 가져온
것이에요.

휴머니즘으로 대표되는 르네상스는 이탈리아에만 머물지 않고 알프스
를 넘어 프랑스, 네덜란드, 영국, 독일, 스페인 등지에도 전파되었어요.

그 정신은 후에 종교개혁으로 이어졌고요. 종교개혁의 핵심적인 사건 중 하나가 성경 번역이었는데, 이는 르네상스 시대에 이루어진 일이에요. 『우신예찬』(1511)의 저자인 에라스무스(Erasmus, 1466~1536)가 그리스어로 된 신약성경을 라틴어로 번역했는데, 이것이 종교 개혁가인 루터와 칼뱅에게도 영향을 주었어요.

종교개혁을 이끈 프로테스탄트들은 영국의 국교에도 영향을 미쳤어요. 형식적으로는 가톨릭을 따를지라도 교리상으로는 신교적인 영국의 국교가 형성된 것이지요. 이 시대의 영문학은 고전문학의 영향과 기독교 사상, 그리고 자유주의와 합리주의가 조화를 이루고 있어요. 셰익스피어는 봉건질서가 붕괴하고 인간의 자유와 감성을 존중하는 시대상을 반영하는 극을 많이 썼어요. 그의 역사극과 희극, 비극은 영문학의 울타리를 넘어 유럽과 세계 문학의 으뜸으로 자리 잡게 되었고요.

영문학과 영어교육학은 무엇이 다를까요?

영문과와 영어교육과는 무슨 차이가 있을까요? 영문과는 크게 문학과 어학 과목으로 나뉘는데, 문학은 시, 소설, 희곡, 비평에 집중되어 있어요. 어학은 음운론, 통사론, 의미론, 화용론을 위주로 하고요. 영문과는 대개 인문대 소속이지만, 영어교육학과는 사범대에 속해 있고요. 영어교육학과에서는 문학이나 어학 공부도 하지만, 교육학을 이수하고 중·고등학교 학생들에게 영어를 가르치는 영어교수법을 주로 배워요. 한마디로 영문과는 문학이나 어학 전문가를 만들고, 영어교육과는 중·고등학교 교사를 양성한다고 볼 수 있어요.

대학의 교양 영어 수업을 주로 영문학 전공자가 담당하는 것도 이 때문이에요. 교양 영어 수업에서는 영문학작품이나 영어로 된 주요 문헌을 통해 독해력을 다지고 기본 문법과 회화 실력을 길러요. 영어권 문학과 문화를 배우고 전공을 공부할 영어 능력을 기르는 것이지요. 대학에서 영문학이나 교양 영어를 가르치고 싶으면 영문과로 진학하는 게 바람직해요. 중·고등학교 영어교사가 되고자 한다면 영어교육학과로 진학하는 게 적합하고요.

서울대학교 영어영문학 교과과정과 영어교육학 교과과정을 살펴보며 각 전공에서 어떤 과목을 배우는지 비교해 볼 수 있겠네요.

서울대학교 영어영문학 교과 과정

코드	과목명
103.201	영문법 (English Grammar)
103.205*	영어학개론 (Survey of English Linguistics)
103.207A**	영문학개관2 (English Literature from Restoration to Reform Bills)
103.208A**	영문학개관1 (English Literature up to Milton)
103.214A	근대미국소설 (19th Century American Novel)
103.216	영어의 구조 (Structure of English)
103.219	영작문 (English Writing)
103.220**	영문학개관3 (20th Century English Literature)
103.221	응용영어학 (Applied English Linguistics)
103.306A*	미국문학개관1 (American Literature up to 1900)
103.320	영어발달사 (History of English Language)
103.325	셰익스피어 (Shakespeare)
103.326A	근대영국소설 (18th and 19th Century English Novel)
103.331	영미문학특강 (Topics in English and American Literature)
103.332	영국시1 (English Poetry 1)
103.333	영국시2 (English Poetry 2)
103.334	현대영국소설 (20th Century English Novel)
103.335	현대미국소설 (20th Century American Novel) 3
103.336	영국희곡 (English Drama)
103.337	현대영미희곡 (Modern English and American Drama)
103.338**	미국문학개관2 (20th Century American Literature)
103.404	미국시 (American Poetry)

103.407	영미문학비평 (English and American Literary Criticism)
103.419	영미작가연구 (Studies in English and American Authors)
103.420	영어학특강 (Topics in English Linguistics)

과목 코드의 * 표시는 전공 탐색 교과목, ** 표시는 전공 선택 선택적 필수 교과목을 의미합니다.

서울대학교 영어교육학과 교과 과정

코드	과목명
707.207	영문학개론
M1848.000500	영어독해
M1848.000300	영미산문강독
707.201	영어회화1
707.420	영미문화
707.301	**영어학개론**
707.204	**영어응용음성학**
M1848000400	영미소설강독
707.216	집중영어1
707.205	영어회화2
707.214	영어작문1
707.213A*	**영어교과교육론**
707.319B*	**(낭만주의 이전) 영국문학과 영국문화의 이해 A**
707.217	집중영어2
707.321	**영어회화3**
707.317	영미시강독
707.212B	**(낭만주의 이후) 영국문학과 영국문화의 이해 B**
707.324	**영어문법**
707.215	**영어작문2**
707.308A	영어사의 이해와 응용

707.309A	**미국문학과 미국문화의 이해**
707.326	영어교육과정
700.022	교육과정
700.021	교직실무
707.313	**영어교수법**
707.323	영어통사론
707.325	영어교육방법 및 교육공학
700.007	교육방법 및 교육공학
707.404	**영어교과교재 및 연구법**
707.410A	영미문학이론의 이해와 적용
707.417	영미문학특강 (격년 개설)
707.422A	**영어교과논리 및 논술**
707.421	영어수업연구
707.423	영어4기능지도법
707.424	영어교육평가
700.023	교육평가
707.402	응용언어학
707.418	영어음운론
707.305A	어휘와 문법 지도법
707.322	영미희곡

굵은 글씨로 표시된 과목은 전공 필수 과목입니다.

* 본 자료는 서울대학교 홈페이지에서 가져온 것입니다.

영문학의 주요 장르를 살펴보아요

장르란 말을 들어보셨나요? 프랑스어인 genre는 영어의 kind와 같은 뜻인데, 종류를 의미합니다. 예술의 특정 유형이나 양식을 지칭하는 단어로 사용되지요. 우리말로는 '갈래'에 해당되는데, 이는 크게 시, 소설, 희곡 등으로 분류할 때도 쓰고, 시 안에서 서사시, 서정시, 극시 등으로 세분할 때도 사용합니다. 요즘은 장르 구분이 모호한 작품도 많고 장르가 뒤섞여 나타나는 경우도 빈번합니다. 그러나 이러한 장르의 경계 허물기나 혼합 역시 기본적인 장르 구분을 전제로 한다고 볼 수 있어요. 말하자면 시와 소설이라는 장르 구분이 있으니 소설시라는 장르의 경계 허물기나 혼합이 가능하다는 의미지요.

이제 영문학의 기본 장르에는 어떤 것이 있는지 알아보고, 각 장르의 특징을 살펴보도록 하겠습니다.

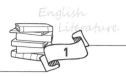
영문학에는
어떤 장르가 있나요?

영문학의 장르 구분

제가 다닌 학교에서 영문학의 교과 과정은 크게 시, 소설, 희곡, 비평, 셰익스피어로 나뉘어졌어요. 희한하죠? 셰익스피어는 극작가인 것도 같고 시인인 것도 같은데, 그 사람 이름 하나를 독립된 장르나 과목처럼 취급했으니까요. 그만큼 영문학사에서 셰익스피어가 가지는 위상은 대단하답니다. 이유는 여러 가지가 있겠지만 크게 세 가지 정도로 생각해 볼 수 있어요. 첫째로 수많은 다양한 작품을 썼다는 점이에요. 둘째는 3만 개 이상의 어휘를 사용하고, 1,700개 이상의 단어를 새로 만들어 낼 정도로 언어 감각이 뛰어났다는 점이지요. 셋째는 생생한 인물 창조와 흥미로운 플롯(plot, 희곡이나 소설 등의 이야기 구성이나 전개 방식)을 만들어 냈다는 점이에요.

미국 대학에서는 시 문학, 서사 문학, 비평 방법론, 창작(creative writing)으로 교과 과정을 구분하기도 해요. 장르는 좀 더 단순하게 구분하고 비평의 이론은 다양하게 공부하며, 문학 창작이 주요 교과과정으로 도입된다는 점이 특징적이지요.

시, 희곡, 소설의 역사

문학에서 가장 먼저 등장한 장르는 시로 봅니다. 짧고 음률 있는 노래 같은 시부터 웅장한 영웅담을 담은 긴 서사시까지, 시는 문학사에서 오랜 전통과 역사를 자랑하지요. 앞에서도 살펴본 바와 같이, 시는 노래와 깊은 연관성을 지닌 장르예요. 특히 서정시는 인간의 감정과 생각을 즉각적으로 표현하기에 적합했어요. 시에 이야기가 결합되면 서사시나 희곡으로 나타나게 되고요.

영문학사에서 시 이후 크게 유행한 장르가 희곡이었어요. 영국의 르네상스 시대와 셰익스피어를 생각하면 그 인기를 짐작할 수 있겠죠. 희곡의 인기는 수익성이 높은 대규모 공공 극장들이 세워진 것과 관련이 깊어요. 영국 르네상스 시대의 극장은 평민부터 귀족까지 함께 연극을 즐길 수 있는 공간이었어요. 당시에 잘 알려진 소재에 살인, 복수, 광기 같은 대중적 흥미를 자극할 이야기를 덧붙여 큰 인기를 거뒀지요. 그 인기가 어느 정도였냐면, 1600년 경 런던 인구가 20만 명가량이었는데, 매주 1~2만 명이

·공연허가제를 규정한 1737년의 법률·

연극을 보러 갔을 정도라고 합니다.

이에 비해 소설의 역사는 상대적으로 짧습니다. 영국에서 소설이 등장한 것은 18세기 초로 꼽아요. 산업혁명으로 인해 부가 축적되고 인쇄술이 발달하며 중산층이 성장했거든요. 사람들이 독서를 할 수 있는 여건과 계급이 생겨난 것이지요. 게다가 1737년 공연 허가제가 실시되며 영국에서 연극은 쇠퇴하기 시작했어요. 정부에 대한 비판적 발언을 검열하고 통제할 목적으로 만들어진 이 법으로 인해 연극이 위축되자, 이야기에 대한 관객의 열망이 소설로 옮겨간 것이지요.

새로이 등장한 문학 장르, 소설

소설은 연극처럼 흥미진진한 사건이 있으면서도 책으로 접할 수 있어 독자들을 끌어들이기 좋았어요. 당시 소설은 사실주의적이고 계몽적인 성향이 많아 흥미와 교훈을 줄 수 있는 장르였지요. 참고로 유럽 최초의 소설은 스페인에서 등장했답니다. 바로 그 유명한 세르반테스(Cervantes,

1547~1616)의 『돈키호테』(1605)이지요.

소설 이전에는 로맨스(romance)라는 문학이 인기였어요. 기사가 나오고 그가 충성을 바쳐야 할 공주 내지는 귀부인이 등장하는 문학 장르 말이에요. 주인공인 영웅은 전설적 인물이고, 작품의 전개에는 초현실적인 요소가 종종 등장해요. 로맨스는 모험담과 연애 이야기가 함께 나와 인기가 있었어요.

돈키호테는 이런 기사문학을 너무 많이 읽다 스스로를 기사로 착각해 원정을 떠나고, 그로 인해 여러 가지 사건 사고를 겪게 됩니다. 세르반테스는 이를 사실적으로 묘사하는데, 이 과정에서 현실의 모순과 인간의 심리를 적나라하게 드러내는 소설가의 면모를 보이지요.

돈키호테에 대해 일반 독자들에게는 편견 같은 게 있어요. 그의 결심과 행색이 너무 허무맹랑하게 느껴져 모든 행동을 우스꽝스럽게만 해석하는 경향 말이에요. 특히 만화나 애니메이션에서는 돈키호테가 풍차를 향해 달려가 엄청난 부상을 입는 장면이 자주 희화화되지요. 풍차를 거인으로 오해해 공격하니 정신 이상자처럼 보일 법도 해요. 그러나 소설을 읽다 보면 돈키호테는 단순히 정신 나간 늙은이가 아님을 알 수 있어요. 『돈키호테』가 발표되어 큰 인기를 얻었던 당시 스페인 국왕 펠리페 3세는 길가에서 책을 들고 울고 웃는 사람을 보면 "저 자는 미친 게 아니라면 『돈키호테』를 읽고 있는 게 틀림없다."라고 말했다고 합니다. 이렇게 웃음만큼 비극적이고 웅장한 감동도 많은 책이랍니다.

신화적이고 환상적인 이야기를 다루는 로맨스와는 달리, 소설은 평범한

풍차를 향해 돌진하는 돈키호테는 정신 나간 사람처럼 보이지만,
소설『돈키호테』를 읽어 보면
우스운 만큼이나 비극적이고 웅장한 감동을 느낄 수 있어요.

인간의 삶을 그려요. 고통과 난관을 경험하고 극복하려 애쓰는 평범한 인간, 즉 일상의 영웅을 다루지요. 우리가 소설을 읽으며 공감하고 깨달음을 얻으며 결단하는 것도 소설의 이런 특징과 매력 때문이 아닐까 합니다.

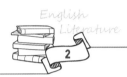

영시 맛보기: 함축성과 형식미

영시의 종류

영문학에서 가장 대표적인 장르로 꼽을 수 있는 건 시랍니다. 우리는 무엇을 시라고 부를까요? 우스갯소리로 "짧은 건 시고 긴 건 소설이다."라고 말하는 이도 있어요. 그만큼 시라고 하면 '짧다'는 생각이 떠오르지요. 뒤이어 운율이니, 함축이니, 비유니 하는 말들도 떠오르지만 말이에요. 시에는 독특한 문학적 기법이나 음악적 요소가 있어요.

브리태니커 백과사전에서 말하는 시의 정의는 'literature that evokes a concentrated imaginative awareness of experience or a specific emotional response through language chosen and arranged for its meaning, sound, and rhythm'이에요. 그대로 번역하자면 '의미, 소리, 리듬을 고려하여 선택하고 배열한 언어를 통해 경험이 응집된 상상적 인

식 혹은 특정한 감정적 반응을 불러일으키는 문학'이지요. 상당히 어렵게 느껴지죠? 좀 더 간단히 설명하자면 의미와 음악성을 고려한 언어 예술로, 인식과 감정을 자아내는 문학 장르라고 할 수 있어요. 국어사전에서는 '자연과 인생에 대한 감흥·사상 등을 함축적·음률적으로 표현한 문학의 한 장르'로 정의하고 있고요.

시 안에도 여러 장르가 있답니다. 크게는 서사시, 서정시, 극시로 나뉘어져요. 서사시(敍事詩)는 '역사적 사실이나 신화, 전설·영웅의 사적 따위를 서사적 형태로 쓴 시'예요. 여기서 서사는 사건을 기록한다는 뜻입니다. 고대 그리스 시대에 호메로스가 쓴 『일리아드』와 『오디세이』가 대표적인 예인데, 영웅과 전쟁의 이야기가 길게 이어지는 시예요. 영문학에서는 밀턴의 『실낙원』을 가장 뛰어난 서사시로 보는 게 일반적이에요. 내용과 형식은 고대 그리스나 로마의 서사시와 다르지만, 서사시의 정신이 새롭게 계승되어 있다고 본 것이지요. 서정시(抒情詩)는 '자기의 감정이나 정서를 주관적으로 나타낸 시'랍니다. 셰익스피어의 소네트(sonnet, 14행의 단시)나, 낭만주의 시대 시인들의 단편시들이 그 예이지요. 극시는 말 그대로 극의 형태를 지닌 시이고, 셰익스피어의 희곡이 극시의 대표라고 할 수 있습니다.

열네 줄로 이루어진 셰익스피어의 소네트

먼저 소네트라는 형식에 대해 살펴볼게요. 소네트는 14행의 시입니다. 라임(rhyme), 즉 각운에 따라 형식이 달라지는 것이 특징이지요. 각운은 끝나는 발음이 같아 생기는 운율이에요. plain(평범한)이란 단어와 pain(고통), complain(불평하다)이란 단어가 [ein]이란 발음으로 끝나는 것처럼요. 이 각운이 어떤 패턴으로 반복되는지에 따라 소네트의 형식이 달라진답니다. 셰익스피어식의 소네트에서는 각운이 abab + cdcd + efef + gg 식이랍니다. 그가 사망한 후 154편의 소네트가 묶여 출판되었는데, 그중에서도 가장 유명한 소네트 18번을 예로 살펴볼게요.

Sonnet 18

Shall I compare thee to a summer's day? (a)

내 그대를 여름의 하루에 비할 수 있을까?

Thou art more lovely and more temperate: (b)

그대는 더 아름답고 부드러워라.

Rough winds do shake the darling buds of May, (a)

거친 바람이 5월의 사랑스런 꽃봉오리를 흔들고

And summer's lease hath all too short a date: (b)

허락된 여름의 시간은 하루가 너무 짧아라.

셰익스피어는 소네트 형식의 아름다운 시를 통해
연인을 불멸의 존재로 그려냅니다.

Sometime too hot the eye of heaven shines, (c)

때로 태양은 너무 뜨겁게 내리쬐고

And often is his gold complexion dimmed, (d)

종종 그 금빛 얼굴이 흐려지기도 하여.

And every fair from fair sometime declines, (c)

모든 아름다운 것은 때로 그 아름다움이 쇠퇴하고

By chance, or nature's changing course untrimmed: (d)

우연이나 자연의 변화로 고운 치장을 빼앗긴다.

But thy eternal summer shall not fade, (e)

그러나 그대의 영원한 여름은 퇴색하지 않고

Nor lose possession of that fair thou ow'st, (f)

그대가 지닌 아름다움도 잃어버리지 않으리라.

Nor shall death brag thou wander'st in his shade, (e)

죽음도 그대가 그 그늘에서 방황한다 자랑하지 못하리.

When in eternal lines to time thou grow'st, (f)

영원한 시 속에서 당신이 시간으로 변했을 때,

So long as men can breathe, or eyes can see, (g)

인간이 숨 쉬거나, 눈으로 볼 수 있는 한

So long lives this, and this gives life to thee. (g)

이 시도 살아, 그대에게 생명을 주리라.

셰익스피어는 1564년에 태어나 1616년에 사망한 걸로 알려져 있어요. 그러니 영어도 예스럽지요. 몇몇 고어의 현대어 의미를 알려드릴게요. 참고로 est는 2인칭 단수 단순현재 동사 끝에 붙어요.

thee: you의 목적격 / thou: you의 주격 / art: are / hath: has

ow'st: own / wander'st: wander / grow'st: grow

지금과는 단어의 형태가 조금씩 다르지요? 라임을 알아보기 위해서는 각 행의 맨 끝 단어들을 모아 보면 돼요.

day-temperate-May-date (abab)

shines-dimmed-declines-untrimmed (cdcd)

fade-ow'st-shade-grow'st (efef)

see-thee (gg)

이런 형식을 갖춘 시를 통해 셰익스피어는 연인을 칭송하고 자신의 사랑을 고백한답니다. 압권은 셰익스피어가 자신의 시로 인해서 연인이 영원토록 시들지도 소멸하지도 않을 것이라고 말한다는 점이에요. 모든 것이 변하고 아름다움도 쇠퇴하지만, 시가 살아 있는 한 연인의 아름다움도 영원하리라고 노래하는 것이지요. 연인을 향한 사랑, 그리고 시인의 능력과 특권을 잘 표현한 말이라 할 수 있어요.

인간의 타락과 구속사를 다룬 밀턴의 『실낙원』

앞서 살펴본 바와 같이 성경과 그리스 로마 신화를 알면 영문학 이해에 도움이 돼요. 영국사와 유럽의 역사 역시 배경지식이 된답니다. 한국문학에서 불교나 유교 혹은 무속 신앙이 뿌리를 이루고, 한자나 한국사, 동아시아 역사 지식이 바탕이 되는 것처럼요.

존 밀턴은 '크리스천 휴머니스트(Christian humanist)'로 평가됩니다. 기독교 인문주의자라는 뜻이에요. 얼핏 보면 기독교와 휴머니즘은 모순되는 말처럼 느껴져요. 기독교는 절대자인 하나님을 중심으로 하는 신본주의인 반면, 휴머니즘은 인간을 중심으로 하는 사상이니 말이에요. 그런데 앞서 이야기했던 것처럼 '휴머니즘(humanism)'이라는 말에는 인본주의라는 뜻 외에 인문주의, 인도주의라는 의미가 담겨 있어요. 인본주의(人本主義)는 말 그대로 인간을 근본으로 하는 것이고, 인문주의(人文主義)는 인문학을 근간으로 삼는 것이에요. 인도주의(人道主義)는 '인간의 존엄성을 최고의 가치로 여기고 인류의 안녕과 복지를 꾀하는 것을 이상으로 하는 사상이나 태도'로 정의되고요.

밀턴을 규정할 때 사용하는 휴머니스트라는 단어는 인본주의자나 인문

주의자보다는 인도주의자에
가깝다고 할 수 있어요. 왜냐
하면 그는 기독교적 세계관 속
에서 개인의 자유와 권리를 중
시했으니까요. 밀턴은 하나님
의 섭리 안에서 인간의 존엄성
을 탐색하고, 창조와 타락, 구
원과 낙원의 회복을 중심으로
인간의 역사를 이해하고 제시
했어요.

· 세 딸에게 『실낙원』을 받아쓰게 하는 밀턴 ·

　『실낙원』은 밀턴의 대표작이에요. 그는 녹내장으로 추정되는 질환으로
44세에 완전히 실명했는데, 이후 딸에게 구술하는 방식으로 『실낙원』을
완성했어요. 이 작품의 운율은 '약강(弱强, 약한 강세 다음 강한 강세) 오보격
(五步格, 다섯 음보의 격식) 무운시(無韻詩, 각운이 없는 시)'로 번역되는 'blank
verse' 예요. 약강 오보격이라고 하면 음절의 강세가 약강으로 이어지는
패턴이 다섯 번씩 반복된다는 뜻이에요. 규칙적인 운율은 있지만 각운이
없는 시인데, 이 형식이 16세기 이래 영국에서 가장 흔하고 영향력 있는
것으로 알려져 있어요.

　『실낙원』의 첫 대목이자 이 시의 저작 동기라고 할 수 있는 부분을 보며
시의 운율을 실제로 경험해 보도록 하지요. 굵게 표시된 부분이 강세를 받
는 부분이에요.

OF **Mans** First **Disobedience, and the Fruit**

인간의 첫 거역과 저 금지된

Of **that** Forbidden **Tree**, whose **mortal tast**

나무의 열매에 관해 그 치명적 맛이

Brought **Death** into the **World**, and **all** our **woe,**

세상에 죽음과 온갖 고통을 가져와

With **loss** of Eden, till **one greater Man**

에덴을 잃었고, 비로소 더 위대한 한 분이

Restore us, **and regain** the **blissful Seat,**

우리를 구원하여, 복된 처소를 회복하게 되었음을

Sing **Heav'nly Muse,** that **on** the secret **top**

노래하라, 천상의 뮤즈여. 오렙

Of **O**reb, **or** of Sinai, **didst** inspire

혹은 시나이의 신비스런 정상에서,

That **Sh**epherd, who **first taught** the chosen **Seed,**

저 목자에게 영감을 주어, 그 택한 자손에게

In the Be**ginning how** the **Heav'ns** and **Earth**

태초에 하늘과 땅이 어떻게 혼돈에서

Rose out of **Chaos: Or** if **Sion Hill**

생겨났는지를 처음으로 가르친 분이여. 혹은 시온 언덕과

밀턴은『실낙원』을 통해 인간이 어떻게 낙원을 잃었고
다시 찾게 되는지를 보여 줍니다.

Delight thee **more**, and Siloa's **Brook** that **flow'd**

하나님의 지성소 곁을 **빠르게** 흐른 실로아의 시내가

Fast **by** the **Oracle** of **God**; I thence

그대를 더욱 기쁘게 한다면, 나는 거기서

Invoke thy **aid** to **my** adventrous **Song**,

내 대담한 노래에 그대의 도움을 청하노라.

That **with** no middle **flight** intends to **soar**

그 어떤 중간 비행으로도 이오니아 산 위로 날아오르려

Above th' Aonian **Mount, while** it **pursues**

하지 않았으나, 나의 노래는 산문에서나 시에서나

Things unattempted **yet** in **Prose** or **Rhime.**

아직 시도되지 않은 것들을 추구하나니.

* Oreb: 하나님의 산, 모세가 떨기나무 사이에서 여호와 하나님의 사자를 본 곳으로, 호
  렙산이라고도 부름.

* Sinai: 모세가 십계명을 받은 산, 시내산이라고도 함.

* Aeonian Mount: 고대 그리스 신화에 등장하는 뮤즈(Muse, 시와 음악 등 예술을 관
  장하는 여신)들의 성스러운 산으로 헬리콘산이라고도 함. 이오니아산 위를 난다는 것
  은 인간이 만들어 낸 신화의 세계를 넘어 하나님과 천국을 노래한다는 뜻으로 해석할
  수 있음.

이처럼 약간의 변화는 있지만 기본적으로 약강 오보격을 지키면서 각운을 갖지 않는 것이 『실낙원』의 운율이 갖는 특징입니다.

우리말에 없는 문장부호 두 개를 살펴볼게요. 콜론(:)과 세미콜론(;)인데, 의미가 조금 다릅니다. 일반적으로 콜론은 앞 문장과 뒤 문장이 대구나 대비를 이룰 때 혹은 앞 문장의 결과나 예시를 다음 문장에서 자세히 설명할 때 사용합니다. 세미콜론은 앞 문장과 뒤 문장이 긴밀하게 연관되어 있을 때 사용합니다. 모양 그대로 마침표와 쉼표의 중간에 해당하는 의미를 갖지요.

밀턴이 콜론과 세미콜론을 사용하는 방식은 오늘날의 문법과 다를 수 있어요. 르네상스 시대의 문법적 이해를 반영했을 뿐 아니라, 시인의 창의성도 담겨 있기 때문이에요. 또 밀턴의 구두점은 문법보다는 수사와 더욱 관련이 있다고 보는 견해도 있어요. 리듬이나 운율, 의미를 고려하여 잠시 쉬어 가고 때로는 의미를 모호하게 만들기도 하면서 말이지요.

내용을 살펴보면 시의 첫 대목에서도 나와 있듯 『실낙원』은 성경을 소재로 한 시예요. 그렇다면 밀턴은 왜 낙원의 상실, 즉 타락을 주제로 시를 썼을까요? 밀턴은 이 시의 목적이 "인간을 향한 하나님의 방식을 정당화하는 것(justify the ways of God to men)"이라고 말하고 있어요. 그는 사탄의 유혹, 인간의 타락, 사탄의 계략과 저항, 예수님의 탄생과 구속사를 다루며 하나님의 선한 섭리를 역설해요. 비록 인간이 자유의지로 죄를 범해 에덴동산에서 쫓겨날지라도, 하나님은 예수님을 구세주로 보내 낙원을 회복시켜 주신다는 뜻을 담고 있거든요.

밀턴은 청교도적이었으며 구교인 가톨릭에 반대했고, 급진주의적 성향을 보였어요. 청교도혁명을 이끈 올리버 크롬웰(Oliver Cromwell, 1599~1658) 정부에서 외국어 서기관을 지냈고, 정치, 종교, 언론에 관한 소논문을 다수 집필했지요. 밀턴이 쓴 글 중 아주 독특한 게 있어요. 『이혼론(The Doctrine and Discipline of Divorce)』(1643)이라는 책자인데, 이는 당대의 이혼이 성적 불륜이나 불구에 한해서만 허용된다는 점에 반발한 글이에요. 밀턴은 육체적 문제뿐만 아니라 정신적 불화 역시 이혼의 사유가 된다고 주장했어요.

밀턴이 당시로서는 과격한 이혼 사유를 주장한 이유는 개인사와 관련이 있어요. 공화정을 옹호한 그는 왕당파 가문 출신의 아내와 갈등을 겪었거든요. 아내가 친정으로 돌아가기까지 했어요. 3년쯤 지나 겨우 재결합을 했지만 아내는 얼마 안 가 죽고 말았지요. 『이혼론』으로 많은 비판을 받았던 밀턴은 이듬해 소책자 『아레오파지티카』(1644)를 냅니다. 이는 서양사 최초로 언론과 출판의 자유를 주장한 문서로 평가됩니다. 국가의 허락 없이도 인쇄할 수 있는 권리를 영국 의회에 요구했거든요.

밀턴이 언론과 출판의 자유를 요구한 것은 가톨릭교회의 금서 목록에 대한 반발이기도 했어요. 청교도 사상은 기본적으로 가톨릭과는 대립되는데, 밀턴은 가톨릭의 금서 목록 역시 종교적 권력에 따른 규제라고 보았거든요. 공화정을 주장한 밀턴은 권력이 소수의 왕족이나 종교 지도자에게 집중되는 것을 막으려 했어요. 권력의 독점을 막고 언론의 자유를 인정해야 부패를 방지하고 개인의 양심과 존엄을 보장할 수 있으니까요.

밀턴의 목표는 라틴어로 시를 써서 전 유럽에 명성을 얻기보다는, 모국 어인 영어로 아름다운 시를 쓰는 것이었다고 해요. 그런데 영어로 쓰인 『실낙원』이 결과적으로 유럽뿐 아니라 온 세계에 밀턴을 알리는 명작이 되었어요. 밀턴의 작품으로는 『실낙원』 외에도 『리시다스(Lycidas)』(1638), 『복낙원』(1671), 『투사 삼손(Samson Agonistes)』(1671) 등이 있습니다.

4월의 잔인함을 노래하다, 엘리엇의 『황무지』

봄이 와서 벚꽃이 피면 버스커 버스커의 〈벚꽃엔딩〉이라는 노래가 들려 와요. 10월이 되면 〈10월의 어느 멋진 날에〉라는 노래가 나오고, 10월 마지막 날엔 〈잊혀진 계절〉이 흐르지요. 4월 되면 "4월은 잔인한 달"이라는 말이 종종 들리곤 해요. 봄날 벚꽃에 관한 노래를 부르고 10월에 아름다움과 이별을 노래하는 건 알겠는데, 4월이 잔인한 건 왜일까요? 4자가 죽을 사(死)와 발음이 같아서? 아니면 다른 이유가 있을까요? 이 말의 출처는 T. S. 엘리엇(T. S. Eliot, 1888~1965)의 『황무지』랍니다.

『황무지』는 434행의 시인데, 20세기에 쓰인 시 중 가장 중요한 시라고 해요. 이 시의 첫 시작 부분을 보면 왜 4월을 잔인한 달이라고 하는지 짐작할 수 있어요.

APRIL is the cruellest month breeding

4월은 가장 잔인한 달

Lilacs out of the dead land, mixing

죽은 땅에서 라일락을 키우고,

Memory and desire, stirring

추억과 욕망을 뒤섞으며,

Dull roots with spring rain.

봄비로 생기 없는 뿌리를 일으키나니.

엘리엇은 죽은 땅, 즉 황무지에서 라일락이 자라는 4월을 "가장 잔인한 달"로 표현해요. 꽃이 피어도 활기가 없으니 살아도 산 게 아니지요. 이 시에서 4월은 겨울과 대비됩니다. 겨울은 "대지를 / 망각의 눈으로 덮고, / 메마른 구근으로 작은 생명을 먹이는(covering / Earth in forgetful snow, feeding / A little life with dried tubers)" 것으로 묘사돼요. 생명의 기운이 있고, 그 위를 덮어 주는 눈이 있어 차라리 따뜻한 계절이지요. 『황무지』에서 표현되는 여름은 어떨까요? 갑자기 찾아오는 소나기에 놀라기도 하고, 햇빛 아래 공원을 걷기도 하며, 커피를 마시면서 대화를 나누는 계절이에요. 변화와 생동감이 있어요.

그렇다면 엘리엇이 생명이 움트는 4월을 가장 잔인한 달로 본 이유는 무엇일까요? 여기에는 시대적 맥락이 연관되어 있어요. 1914년부터 1918년까지 제1차 세계대전이 있었는데, 이 전쟁으로 900만 명 이상이

· 영문학사에도 큰 영향을 미친 제1차 세계대전 ·

죽었답니다. 기술과 산업이 발달한 결과 더 많은 사상자가 생기게 된 것이
지요. 역사와 문명이 진보하리라는 신념과 기대가 좌절되자 인류는 큰 충
격을 경험해요. 전쟁의 파괴력과 그로 인한 인간성의 황폐화를 보며 엘리
엇도 문명에 대해 절망하게 됩니다. 그 결과 1922년에 출간된 『황무지』에
서 문명의 위기를 다루게 되었지요.

　이 시에서 4월이 가장 잔인한 계절이라고 표현한 것은 대개 부활절이
4월에 있기 때문에 더욱 모순적이라고 할 수 있어요. 부활절은 춘분 후 첫
보름달이 뜬 다음에 오는 일요일이에요. 죽음에서 삶으로, 절망에서 희망
으로, 일시성에서 영원성으로의 변화를 상징하는 부활절은 황폐한 현실
에 대한 아이러니라고 할 수 있어요. 엘리엇은 기독교 사상을 바탕으로,
부활의 계절에 즈음하여 반목하고 폭력을 행사한 인간에 대한 절망을 노

래했어요. 요컨대 황무지는 인간성의 황폐화를 비판하고 생명과 회복을 열망하는 절규와 같은 시라고 할 수 있어요.

변화무쌍한 시의 형식

우리나라에도 전통적인 시 형식이 있고, 정형시가 있어요. 오늘날까지 살아 있는 대표적인 정형시로는 시조를 꼽을 수 있고요. 시조의 종장은 3-5-4-3이라는 글자 수를 지키곤 했지요. 특히 종장의 첫 어절이 무조건 세 글자여야 한다는 규칙은 자다 물어도 맞춰야 하는 필수 요소예요.

영시에도 나름대로 규칙이 있어요. 영시 낭송을 들으면 노래 같다는 생각이 들 때가 있죠? 그 이유는 영어의 특징과 시가 갖는 독특한 리듬 때문이에요. 영어 단어에는 강세가 있고 말에도 어조가 있어요. 강약과 높낮이가 있는 것이죠. 대개 강세가 있으면 발음은 높고 길게 난답니다. 명사, 형용사, 부사에 주로 강세가 있고, 접속사, 전치사, 대명사, 관사에는 강세가 잘 오지 않아요. 높낮이, 강약, 장단에 맞춰 읽다 보면 음악성이 살아나지요.

영시에서 시 형식은 주로 각운(rhyme)과 운율(meter)에 따라 결정돼요. 각 시행의 마지막 단어 끝 발음이 일치할 때 각운을 이룬다고 해요. 시의 형식을 파악하기 위해서는 운율과 음보(metrical foot)를 알아야 해요. 운율은 영어 단어의 모음이 갖는 강세에 따라 다음과 같이 나뉩니다.

1) iamb [áiæmb] 약강   2) trochee [tróuki:] 강약

3) anapest [ǽnəpèst] 약약강   4) dactyl [dǽktil] 강약약

5) spondee [spándi] 강강   6) pyrrhic [pírik] 약약

음보는 이 운율 단위의 개수를 뜻해요. mono면 하나, di면 둘, tri면 셋, tetra면 넷, penta면 다섯, hexa면 여섯이지요. 운율이 일정한 음보로 배열되면서 리듬과 더불어 시의 형식미가 생겨납니다.

이런 정교한 규칙이 재미있을 수도 있지만 한편으로는 제약적이라고 느낄 수도 있어요. 그래서 운율의 규범에 따르지 않는 경향이 점점 생겨났어요. 특히 20세기 들어 자유시(free verse)가 활발해졌어요. 전통시의 고정된 각운과 운율을 따르지 않고, 음보에도 얽매이지 않는 시 말이에요. 각운과 운율, 음보를 인위적으로 맞추지 않기 때문에 표현이 자유롭고 형식도 변화무쌍하지요. 불규칙한 운율을 실험하고 형식으로부터 해방된 것이 자유시가 갖는 특징이라고 할 수 있어요.

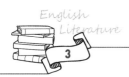

희곡 살펴보기: 의지의 갈등

영국의 위대한 극작가 셰익스피어

한때 유행했으나 지금은 금기시되는 말이 있어요. "셰익스피어를 인도와도 바꾸지 않겠다."는 말입니다. 이 말은 토머스 칼라일(Thomas Carlyle, 1795~1881)이라는 역사가이자 비평가가 한 말이에요. 인도와 셰익스피어 중 하나를 포기하라면 무엇을 포기하겠느냐는 질문에 대한 답이었다고 해요. 셰익스피어와 인도를 단순 비교해서 셰익스피어가 더 낫다는 말은 아니었어요. 인도는 결국 잃게 될 것이니, 자국의 문화적 가치를 지키는 게 바람직하다는 의견에 가까웠지요.

그런데 셰익스피어가 한 국가와 비교될 만큼 위대한 작가로 평가되는 이유는 뭘까요? 뛰어난 언어 감각, 흥미롭고 짜임새 있는 극의 전개, 생생한 인물 창조 등을 꼽을 수 있겠지요. 특히 많은 사람들이 훌륭하게 보는 점은 인간에 대한 통찰과 공감을 자아내는 대사가 아닐까 싶어요. 세계와 인간을 탁월하게 표현한 것이 셰익스피어의 특징이지요.

• 빅토리아 시대 가장 영향력 높은 문인으로 손꼽힌 토머스 칼라일 •

셰익스피어의 비극은 성격비극으로 불려요. 고대 그리스 비극의 영웅이 운명적으로 몰락한다면, 셰익스피어의 극에서는 성격이 인간의 삶을 좌우한다고 볼 수 있어요. 셰익스피어의 성격비극 중에서도 가장 뛰어나다고 평가받는 작품은 『리어 왕』이에요. 이 작품은 『햄릿』, 『오셀로』, 『맥베스』와 더불어 셰익스피어의 4대 비극 중 하나로 꼽혀요. 레어 왕(King Leir)의 전설을 바탕으로 만들어졌는데, 19세기에 이르러 셰익스피어의 작품 중에서도 최고로 인정받았어요. 인간 고통의 근원과 가족관계에 대한 탐색이 빼어나기 때문이지요. 이 작품에 대한 호평은 계속 이어졌어요. 1925년에 노벨문학상을 수상한 조지 버나드 쇼(George Bernard Shaw, 1856~1950)는 이보다 더 뛰어난 비극은 없다고 말했어요.

셰익스피어가 본 고통의 원인과 가족 간의 문제는 무엇일까요? 고통을 받는 인물 중 리어 왕과 코델리아에 초점을 맞춰 생각해 보도록 하지요.

셰익스피어의 『리어 왕』은 가족관계에서 발생하는 고통을 그립니다.
리어 왕은 잘못된 판단으로 세 딸을 경쟁시키고,
결국 가장 충성스러운 딸을 내치게 되지요.

리어의 나쁜 두 딸이자 코델리아의 언니인 고네릴과 리건의 비극은 자업 자득으로 여겨지는 반면, 리어와 코델리아의 비극은 안타깝고 애잔한 데 가 있으니 말이에요.

먼저 리어 왕을 살펴볼게요. 리어 왕은 행복한 노년을 위해 딸들에게 왕 국을 나눠 주고 자신은 왕의 지위를 갖는 데 만족하기로 했어요. 은퇴를 하고 위엄은 지키고자 했던 것이지요. 이는 권력과 명예에 대한 그의 집착 을 암시해요. 실제로 그는 세 딸에게 공평하게 땅을 나눠 주기보다 아버지 인 자신에 대한 충성을 경쟁시키는 과오를 범했어요. 자신을 가장 사랑하 는 딸에게 가장 큰 영토를 물려주겠다고 한 것이죠. 왕권에 대한 집착과 노년에 대한 불안 때문에 자식을 경쟁시킨 것이 리어 왕의 과오라고 할 수 있어요.

충성 경쟁을 하다 보면 시기심이 발동해 아첨과 거짓을 말할 수 있어요. 그 와중에 가장 솔직한 사람이 오히려 낙오되는 결과가 빚어지기도 하지 요. 코델리아도 마찬가지였어요. 언니들의 과장된 사랑 표현에 반감을 느 낀 코델리아는 달리 할 말은 없고 그저 딸로서 사랑할 뿐이라는 답을 내놓 아요. 미사여구 없이 솔직한 말인데, 아버지 입장에서는 퉁명스러운 답이 죠. 결국 코델리아는 리어 왕의 버림을 받아요. 리어 왕은 오만과 잘못된 판단으로 이기적인 두 딸의 말에 속고, 충성스러운 딸과는 의절하게 되었 어요. 자신이 속은 것을 깨달았을 때는 분노와 광기에 휩싸였고요.

코델리아의 문제는 무엇일까요? 아첨하지 않는 게 죄는 아닌데, 왜 비 극적인 상황에 처하게 되었을까요? 그것은 아마 지나친 '자기 의(自己 義)'

• 화가 에드윈 오스틴 애비가 그린 〈코델리아의 작별인사〉 •

때문이 아닐까 싶어요. 노년의 아버지가 판단력이 흐려져 충성 경쟁을 시켰기로서니, 퉁명스럽게 나올 것까지는 없지 않았을까요? 언니들이 야단하며 경쟁을 한들, 친절하고 지혜롭게 답할 수는 없었을까요? 코델리아는 자신의 도덕성을 내세우느라 아버지의 노여움을 사고, 결과적으로 모두를 불행에 빠뜨렸어요.

고네릴과 리건의 배신으로 인한 충격, 자신의 어리석음에 대한 후회, 코델리아에 대한 미안함으로 리어 왕은 점점 미쳐 간답니다. 리어 왕뿐만 아니라 주변의 여러 인물들도 미친 듯 행동하거나 실제로 미쳐 버리기도 해요. 충격과 격앙 속에서 죽고 죽이는 일이 도처에 발생하지요. 왕의 영향력은 이렇게 크고 넓답니다. 그는 한 가정의 가장일 뿐 아니라 왕국의 수장(首長, 집단이나 단체를 통솔하는 사람, 우두머리)이니 말이에요.

『리어 왕』은 인간의 고통이 가장 사랑하고 보호해야 할 공간인 가정 안에서 발생하는 모습을 보여 줘요. 불안, 욕심, 시기심으로 사랑과 신뢰에 문제가 생기고, 배신, 충격, 후회, 원망으로 고통이나 광기 혹은 죽음에 이르지요. 인간관계, 특히 가족관계에서 신뢰와 사랑이 부족할 때 벌어지는 파국을 뼈저리게 느끼도록 하는 작품이 아닐까 싶습니다.

『햄릿』의 영향을 받은 『고도를 기다리며』

셰익스피어가 워낙 위대한 작가이다 보니 후대 작가들은 알게 모르게 그의 영향을 드러내는 경향이 있어요. 20세기의 작가 사뮈엘 베케트(Samuel Beckett, 1906~1989)의 경우도 마찬가지예요. 그의 대표작 『고도를 기다리며』(1952)에서는 『햄릿』의 영향이 뚜렷하게 나타나요. 『햄릿』은 셰익스피어의 작품 중 가장 잘 알려지고, 가장 많이 공연되며, 가장 다양하게 재해석되는 작품이라 해도 과언이 아니에요. 복잡한 상황에서 중요한 결정을 해야 하는 왕자 햄릿이 등장해 인간의 깊은 고민과 갈등을 보여주지요. 더구나 햄릿은 일국의 왕자인지라 자신의 결정이 가정은 물론 왕국 전체에 영향을 줄 수 있는 상황이랍니다.

햄릿은 선왕의 유령으로부터 삼촌이 아버지를 죽인 원수임을 알게 되고 복수를 하라는 명령을 받습니다. 미칠 것 같고 죽고 싶은 상황을 이겨내고, 완전하고 철저한 복수를 해야 하는 상황에 처한 것이지요. 가장 적절한 순간과 오차 없이 정확한 방법을 찾아야 하기 때문에 햄릿은 섣불리 행동하지 않고 기다려요. 『고도를 기다리며』의 주인공인 블라디미르와 에스

• 햄릿의 삼촌 클로디어스가 선왕을 시해한 사실이 드러나는 장면 •

트라곤 역시 기다리는 인물로 등장해요. 그런데 이들의 기다림은 좀 극단적이에요. 고도가 누군지, 과연 오기나 할지 전혀 알지 못하는 상태에서 하염없이 기다리거든요. 햄릿이 난제를 부과 받아 갈등한다면, 『고도를 기다리며』의 주인공들은 계속 기다릴 것인가 기다림을 중지하고 떠날 것인가의 문제로 고민한다고 할 수 있어요.

  희곡에서는 인물의 행동과 말이 극적으로 표현되기 때문에 사상과 의지의 갈등이 두드러져요. 『햄릿』에서의 갈등은 서로 다른 가치관의 충돌이라고 할 수 있어요. 도덕, 정치, 철학, 종교적 고민과 대결이 뚜렷하거든요. 『고도를 기다리며』에서는 갈등조차 뚜렷하지 않아요. 기다릴까 말까의 문제에서 치열한 논쟁보다는 엉뚱하거나 맹목적인 대화가 이어져요. 그래서 『고도를 기다리며』를 지루하고 난해하다고 평가하기도 해요. 뚜렷한 사건이 없고 대화도 무의미한 데다 상황 역시 시시해 보이니까요.

• 시카고대학교에서 연극 〈고도를 기다리며〉를 상연하는 장면(2020) •

　그렇다면 디디라고 불리는 블라디미르와 고고라고 불리는 에스트라곤은 정말 할 일 없고 멍청하기만 한 사람들일까요? 오히려 그 반대는 아닐까요? 극의 전개를 살피며 한번 생각해 볼게요. 그들은 결코 오지 않는 고도의 도착을 기다려요. 기다리는 동안 여러 이야기를 두서없이 나누고, 잔인한 노예주 포조, 노예 럭키, 고도 밑에서 염소를 치는 소년 등 얼핏 보아 별 의미도 상관도 없는 사람들을 만나지요.

　1막에서는 블라디미르와 에스트라곤이 등장해요. 이들은 50년 지기고, 함께 고도를 기다린 사이예요. 블라디미르는 에스트라곤에게 농담도 들려주고, 먹을 것도 주며, 대화를 나눠요. 그러다 지치자 에스트라곤과 함께 목을 매달 생각을 해요. 이때 갑자기 등장한 포조가 노예 럭키를 괴롭혀요. 그리고 한 소년이 나타나 고도가 오늘 오지는 않지만 내일은 올 것이라고 전하지요.

2막은 다음날 낮이에요. 블라디미르는 에스트라곤에게 줄 당근이 떨어지자 무를 줘요. 자장가도 들려주고요. 다시 등장한 포조와 럭키는 상황이 바뀌어 있어요. 럭키가 포조를 학대하지요. 포조는 눈이 멀고 럭키는 말을 못하게 된 상태로 말예요. 고도를 기다리는 동안 블라디미르와 에스트라곤은 또 한 번 목 매달 생각을 해요. 에스트라곤의 허리에 두른 끈으로 실험해 보는데, 끈이 끊어져 바지만 내려오며 실패합니다. 문득 블라디미르와 에스트라곤은 이런 경험이 계속 반복되고 있다는 느낌을 받아요. 더는 기다리지 말고 가자고 하지만, 둘 다 움직이지 않는 상태로 연극이 끝납니다.

『고도를 기다리며』의 부제는 '2막의 비희극(a tragicomedy in two acts)'이에요. 비극 같기는 한데 웃긴다는 거죠. 부조리극으로도 불리기도 하는데, 부조리하다는 것은 인생이 무의미하고 무질서하며 희망이 없다는 뜻이에요. 이 작품에서는 고도가 누구인지, 언제 올지, 과연 오기는 올지 도통 알 수가 없으니 해석이 분분해요. 고도가 하나님이라는 사람도 있고, 자유라는 사람도 있고, 무의미한 세상에 의미를 가져올 존재라고 하는 사람도 있어요. 구체적인 의미가 제거되어 논리 정연한 연결이 없기 때문에 정답을 말하기 어렵고 그만큼 다양한 의미로 해석할 수 있는 것이지요.

이 극에 대한 아주 흥미로운 사실이 하나 있어요. 이 극이 공연되었을 때 일반 대중은 무슨 말인지 모르겠다며 혹평을 한 반면, 캘리포니아 샌 퀜틴 감옥의 죄수들은 큰 호응을 보였다는 사실이에요. 왜일까요? 아마 절망 속에서도 기다림을 포기하지 않는 주인공들 때문은 아닐까 싶어요. 에스트라곤은 "이렇게 계속할 수는 없어(I can't go on like this)."라고 말하지만 끝까지 자리를 떠나지 않고, 블라디미르 역시 자신이 할 일은 고도를 기다리는 것임을 거듭 확인하지요.

여러분에게도 비슷한 경험이 있는지 모르겠네요. 힘들고 지친 데다 희망이 모두 사라져 더는 안 되겠다 느끼는데, 그래도 같은 일을 계속해야만 하는 상황 말이에요. 죄수들도 마찬가지가 아니었을까요? 풀려나고는 싶은데, 감옥 밖의 사회라고 그들에게 우호적일 리도 없겠지요. 고도는 기다릴 수밖에 없는 존재이지만, 설령 온다 해도 기대와 달리 실망스러울 수 있어요. 바라는 것은 오지 않고 미래에 대한 낙관도 어렵지만 하루하루 힘겹게 버티며 살아가는 것이지요. 혹시 내가 『고도를 기다리며』에 눈물짓거나 열광한다면, 지금 삶의 몹시 힘든 국면을 지나고 있지는 않나 생각할 수 있겠네요.

소설 알아보기: 사실적 묘사

최초의 영소설은 무엇일까?

『로빈슨 크루소』(1719)는 대니얼 디포(Daniel Defoe, 1660~1731)의 소설
이에요. 출판 당시 많은 독자들은 이 소설을 자서전으로 오해했다고 해
요. 실제로 여행에 나섰다 표류된 로빈슨 크루소라는 인물이 경험한 바를
기록하여 출판한 것이라고 믿었던 것이죠. 자서전까지는 아니지만 이 소
설이 실화에 바탕을 둔 건 사실이라고 볼 수 있어요. 스코틀랜드의 선원인
알렉산더 셀커크(Alexander Selkirk, 1676~1721)가 4년간 무인도에서 경험
한 이야기에 착안해 소설이 쓰였다고 하거든요. 대니얼 디포 스스로는 이
에 대해 긍정도 부정도 하지 않았다고 합니다.

6개월이란 상당히 짧은 시간 동안 쓰인 이 소설은 표류자(castaway), 조
난당한 사람의 기록이에요. 바다는 예측 불가능하고 통제하기 어려운 자연

영어로 쓰인 최초의 소설인 『로빈슨 크루소』는 생생한 묘사로 인해
독자들로부터 자서전이라는 오해를 받기도 했어요.

을 대표한다고 할 수 있어요. 그래서 위대한 문학작품 중 바다를 배경으로 하는 것이 꽤 있어요. 허먼 멜빌(Herman Melville, 1819~1891)의 『모비 딕』(1851)이나 어니스트 헤밍웨이(Ernest Hemingway, 1899~1961)의 『노인과 바다』(1952)처럼 말이에요. 바다에서는 아무리 야심 많고 의욕 넘치는 인간도 배의 운명에 따라 난파당한 사람이나 실패자로 전락할 수 있답니다.

로빈슨 크루소는 항해를 너무나 좋아해서 법을 공부하라는 부모님 뜻을 거역하고 바다로 나가요. 그래서 온갖 고생을 겪지만 그 무엇도 바다를 향한 그의 열정을 꺾지 못해요. 그러던 중 노예를 구하기 위해 아프리카로 가다가 배가 좌초되어 무인도에 도착하게 되지요. 거기서 무려 40년간 표류자로 생활해요. 일주일만 무인도에서 살라고 해도 온갖 불편과 고생, 위험을 무릅써야 할 텐데, 40년간이나 무인도에서 살아간다면 그 삶이 얼마나 고단했겠어요? 주거와 식량을 해결해야 할 뿐 아니라, 언어, 문화, 종교를 유지하고, 다른 인간과 교류하며 전쟁과 폭력까지 감수해야 한다면요?

대니얼 디포는 이 모든 과정을 매우 사실적으로 기록했어요. 그래서 이 글은 여행담(travelogue)의 형식을 띠고 있지만, 영국 사실주의 소설의 시초라고 불리게 되었어요. 소설이 아니라 자서전이라고 생각됐을 정도니, 묘사의 생생함을 짐작할 수 있겠지요? 소설의 첫 대목부터가 그래요. 주인공 크루소는 자신의 가족을 마치 실제처럼 설명하고 있어요.

나는 1632년에 요크시에서 태어났는데, 집안은 괜찮은 편이었으나, 원래 그 지역 출신은 아니었으며, 아버님은 브레멘에서 온 외국인이었는데 처음엔 헐에 정착했다가 장사를 해서 쓸 만한 재산을 모은 다음엔 사업을 그만두고 이후에 요크에 사시다 거기서 어머니와 결혼하셨는데, 외가쪽은 그 지역의 제법 괜찮은 집안으로 성이 '로빈슨'이라 내 이름을 '로빈슨 크로이츠네'라고 지으셨던 터. 하지만 영국에서는 늘 그렇듯 말의 원음이 변질되어 우리 집 성은 남들이 부르는 대로 그냥 '크루소'라고 쓰기로 했으니, 내 동료들은 나를 늘 그렇게 불렀다. 내 위로는 형이 둘 있었는데, 큰 형은 플랑드르에서 전에는 그 유명한 로카트 대령이 지휘하던 영국 보병대 중령이었지만, 됭케르크 전투에서 스페인 군대와 싸우다 전사했으며, 둘째형은 어디서 뭘 하는지 통 모르고 지냈고, 그렇기는 우리 부모님이 내 소식을 모르고 지내신 것과 마찬가지였다.

『로빈슨 크루소』, 윤혜준 역, 을유문화사

I was born in the year 1632, in the city of York, of a good family, though not of that country, my father being a foreigner of Bremen, who settled first at Hull. He got a good estate by merchandise, and leaving off his trade, lived afterwards at York, from whence he had married my mother, whose relations were named Robinson, a very good family in that country, and from whom I was called Robinson Kreutznaer; but, by the usual corruption of words in England, we are now called—nay we call ourselves and write our name—Crusoe;

and so my companions always called me.

I had two elder brothers, one of whom was lieutenant-
colonel to an English regiment of foot in Flanders, formerly
commanded by the famous Colonel Lockhart, and was killed at
the battle near Dunkirk against the Spaniards. What became of
my second brother I never knew, any more than my father or
mother knew what became of me.

자기소개가 너무나 상세하고 구체적이어서 허구라고 생각하기 어려울
정도이지요? 이 소설은 후에 다른 소설이나 영화에도 영향을 주었어요.
대표적인 예가 영화 〈캐스트 어웨이〉예요. 특송업체 직원이 비행기 추락
사건으로 무인도에 가게 된 이야기랍니다. 연인과 만날 약속도 지켜야 하
고, 단 한 개의 물건이라도 건져 내 고객에게 전하고 싶고, 자신의 생명과
존엄도 유지해야 할 상황에서 한 인간의 분투가 잘 표현되어 있어요.

극한 상황에 처할 때 인간의 의지와 지혜가 시험받아요. 고난을 이겨내
면 성숙과 성공에 이르지만, 실패하면 좌절 속에서 죽음을 맞을 수 있지
요. 일상에서도 가끔 이런 극한 상황을 설정할 때가 있어요. 무인도에 간
다면 무엇을 가져갈 것인가, 누구와 갈 것인가 같은 질문을 하면서요. 이
는 생존 전략뿐 아니라 가치관을 묻는 질문이라 할 수 있어요. 누구와 함
께 가는지, 무슨 물건을 택하는지가 그 사람이 소중히 여기는 것이 무엇인
지 알려 주는 단서가 되니까요. 이제 이런 질문도 할 수 있겠네요. 무인도

에서 살아 나온 사람이 있다고 가정하고, 그 사람에게 가장 요긴했던 물건
은 무엇이었으며 가장 중요했던 자세는 어떤 것이었는지 말이에요.

여성 소설가의 인기

여러분이 아는 18~19세기의 우리나라 여성 문인이 있나요? 여성 문인
하면 허난설헌이나 신사임당이 생각날 텐데 그들은 어느 시대 사람일까
요? 허난설헌은 1563년에 태어나서 1589년에 27세의 나이로 돌아가셨어
요. 시인이자 작가이며 화가였고요. 신사임당은 1504년에서 1551년까지
사셨으니 허난설헌 이전 시대 분이지요. 두 분 다 16세기에 활동을 했네
요. 그렇다면 이 후대에 생각나는 여성 작가가 있나요? 18~19세기 인물
중 말이에요. 언뜻 잘 떠오르지 않죠. 기생들이 시조를 쓴 건 알겠는데,
막상 훌륭한 여성 문인이라고 하면 이름이 잘 생각나지 않을 수 있어요.

영국에서도 여성이 문학가로 활동한 것은 오래된 일이 아니에요. 여
성이 남성 못지않게 명성을 얻고 인기를 누릴 뿐 아니라 문학적 가치까
지 인정받은 건 엘리자베스 배럿 브라우닝(Elizabeth Barrett Browning,
1806~1861) 이전에는 거의 없었던 일이거든요. 엘리자베스 브라우닝은
당대의 여성으로서는 예외적으로 서사시 쓰기에 도전했고, 큰 성공과 인
기를 누렸어요. 영국 문인의 최고 영예인 계관시인의 유력한 후보가 될 정
도였으니, 그녀의 문학적 성공을 짐작할 수 있겠지요.

제인 오스틴(Jane Austen, 1775~1817)은 엘리자베스 브라우닝보다 조금 앞서 활동했던 소설가예요. 그녀의 작품은 생전에 별로 인기가 없었어요. 당대에는 찰스 디킨스(Charles Dickens, 1812~1870)나 조지 엘리엇(George Eliot, 1819~1880)이 더욱 유명했고요. 그러나 오늘날 대중에게는 엘리자베스 브라우닝보다 제인 오스틴의 명성이 더 높답니다. 왜일까요? 소설이란 장르의 인기나 작품의 가치 때문일 수도 있지만, 비평의 영향도 컸다고 볼 수 있어요. 헨리 제임스(Henry James, 1843~1916)라는 위대한 소설가가 오스틴을 높이 평가하면서 그녀의 작품이 재조명을 받고 문학적 가치와 대중적 인기를 동시에 누리게 되었거든요.

제인 오스틴의 소설은 주로 연애와 결혼 이야기를 다뤄요. 가장 잘 알려진 소설인 『오만과 편견』(1813)도 마찬가지예요. 이 소설에서 주인공 엘리자베스는 자신과 선뜻 춤을 추지 않은 다아시라는 인물을 오만하다고 생각하는 편견을 가져요. 그런데 이야기를 읽다 보면 오만한 사람은 스스로의 판단력을 과신한 엘리자베스가 아닌가 하는 생각이 들어요. 다아시 역시 오만한 사람이기보다는 계급과 성에 대해 고정관념을 가진, 편견을 지닌 인물로 보이고요. 이처럼 이 소설에서는 인간의 심리적 약점이 다뤄지고 연애와 결혼 이야기가 흥미롭게 전개됩니다.

소설의 첫 대목부터가 이를 잘 암시하고 있어요.

It is a truth universally acknowledged, that a single man in possession of a good fortune, must be in want of a wife.

제인 오스틴은 당대의 사랑과 결혼 이야기를 흥미진진하게 풀어내
지금도 많은 사랑을 받고 있어요.

상당한 재력가인 미혼 남자는, 반드시 아내가 필요하다는 게 보편적으로
인정되는 진리다.

돈 많은 남자와 결혼시키려는 부모, 아무나 하고는 결혼하려 하지 않는
청춘, 그리고 주변 사람들의 집요한 관심과 참견이 『오만과 편견』의 줄거
리를 이루고 있습니다. 사랑과 결혼은 소설, 드라마, 영화의 흔한 소재인
데, 특히 재산이 많고 지위가 높은 미혼 남자가 등장하면 주변의 갈등 상
황이 잘 드러나게 된답니다. 베넷 집안의 다섯 딸은 삼각관계에 휘말리거
나 구혼자가 순식간에 친구에게 눈을 돌리는 상황, 심지어는 악한에게 속
은 줄도 모르고 사랑의 도피를 떠나는 등 끊임없이 여러 사건과 직면합니
다. 오스틴은 이러한 상황 속에서 뛰어난 심리 묘사를 보여 줄 뿐만 아니
라, 긴장과 발견을 적절히 조화시켜 독자의 흥미와 공감을 일깨운답니다.
그녀의 소설들이 비슷한 소재를 다루고 있지만 지루하거나 반복된다는 느
낌보다는 늘 색다른 재미와 감동을 주는 것도 이 때문일 거예요.

최초의 SF 소설, 메리 셸리의 『프랑켄슈타인』

프랑켄슈타인에 대해 들어 보셨죠? 책은 읽지 않았더라도 영화는 봤을
거예요. 책과 영화 둘 다 접하지 않았다 해도 프랑켄슈타인이라 불리는 못
생기고 무서운 괴물은 알고 있을 것이고요. 그런데 프랑켄슈타인은 괴물

의 이름이 아니라, 그를 만들어 낸 과학자의 이름이랍니다. 생명을 창조해 낸 야심 찬 과학자 이름이 빅터 프랑켄슈타인이거든요. 그는 어머니를 잃은 슬픔에 죽음을 극복하고자 하는 의욕을 불태워요. 그리고 시체와 동물의 사체를 조합하고 전기적 자극을 주어 움직이는 생명체를 만들어 내지요.

괴물은 이름 없이 비참한 자(wretch), 마귀(demon), 악마(fiend) 등으로 불리는데, 그의 이름이 프랑켄슈타인으로 알려진 것은 아이러니예요. 아이러니(irony)란 풍자, 비꼬기, 생각과 반대되는 것을 말하기란 의미가 있어요. 여기서는 괴물을 만들어 낸 사람이 결국 괴물이 된 셈이니, 아이러니라고 할 수 있지요.

이 작품의 기원에 대해 유명한 일화가 있어요. 저자 메리 셸리(Mary Wollstonecraft Shelley, 1797~1851)는 남편인 퍼시 셸리, 바이런(Lord George Gordon Byron, 1788~1824), 그리고 바이런의 개인 주치의인 존 폴리도리(John Polidori, 1795~1821)와 함께 제네바 인근에 있는 바이런의 별장에 머물렀어요. 이들은 폭풍우로 며칠간 집에 갇혀 외출이 어려워지자 유령 이야기 창작 경연을 하게 돼요.

퍼시 셸리는 어린 시절에 받은 영감으로 글을 쓰려다 곧 포기했고, 이 경연을 제안했던 바이런도 고문당하고 죽어 가는 귀족 이야기를 쓰다가 이내 중단했어요. 폴리도리는 『뱀파이어』(1819)를 써서 공상소설(fantasy fiction)에서 뱀파이어가 나오는 장르를 최초로 만들어 냈지요. 그 유명한 브램 스토커(Bram Stoker, 1847~1912)의 『드라큘라』(1897)가 폴리도리의

• 아일랜드의 화가 리처드 로스웰이 그린 메리 셸리의 초상화 •

영향을 받았다고 합니다.

　메리 셸리는 아이디어가 떠오르지 않아 고민하던 중 꿈을 꿨어요. 창백한 얼굴의 학자가 괴물 옆에 무릎을 꿇은 모습을 본 것이지요. 이 꿈은 당대에 호기심을 불러일으킨 과학 현상인 동전기학(galvanism)과 연관되어 소설의 시초가 됩니다. 당시 동전기학은 죽은 개구리의 뒷다리가 전기 자극을 받고 꿈틀거린 것을 보고, 전기에 생명의 탄생과 유지의 신비가 있다는 가설을 낳았어요.

　『프랑켄슈타인』은 유령 이야기를 쓰자는 제안에서 시작했지만, 시체를 조합하고 전기적 힘으로 생명을 창조하는 내용을 담고 있지요. 대개 공포 이야기에는 유령이 등장하잖아요. 육체 없는 영혼 말이에요. 그런데 이

소설에서는 육체 없는 영혼이
아니라 영혼 없는 육체, 즉 시
체가 생기를 얻는 데서 그 공포
가 비롯돼요. 이것이 이 작품을
단순한 유령 이야기가 아닌, 최
초의 공상과학소설(SF, Science
Fiction)로 만들었고요.

· 잉글랜드 배우 보리스 칼로프가 괴물 분장을 한 모습 ·

생명은 얻었으나 재료와 기
술, 그리고 빅터의 급한 성미
탓에 괴물의 외관은 흉측해요.
눈물이 질질 흐르는 눈, 근육을 다 덮지 못하는 피부에다 검은 산발머리를
하고 덩치는 엄청 크거든요. 그런데 괴물은 몸만 움직이는 게 아니라 생각
도 한답니다. 버려지고 고독한 자신의 처지를 한탄하고 자기를 이렇게 만
든 프랑켄슈타인을 원망하며 그에게 분노를 느끼기도 하지요. 게다가 독
서도 해요. 밀턴의 『실낙원』을 읽으며 그는 자신에게도 짝이 필요하다고
생각하게 됩니다. 아담이 혼자 있는 것을 좋지 않게 보시고 하나님이 하와
를 만들어 주었듯, 빅터가 자신을 위한 여자 괴물을 만들어 주길 바란 것
이지요. 그러나 빅터는 괴물에게 공감하지도, 그의 뜻을 이뤄주지도 못해
요. 결국 괴물은 살아 움직이는 순간부터 자신의 창조자에게 철저히 버림
받고 결국은 그의 원수가 되지요.

메리 셸리는 『프랑켄슈타인』을 1818년에 익명으로 출판했다가 1831년

에 수정해서 다시 출판했어요. 이 소설이 다루는 과학적 아이디어는 생명 탄생에 대한 탐색뿐만 아니라 종교와 철학, 그리고 사회에 대한 고민이 담겨 있답니다. 과연 인간이 생명을 창조하는 게 가능한지, 그게 옳은 것인지, 그 생명에 영혼이 있는지 하는 문제가 얽혀 있지요.

2017년에 노벨문학상을 수상한 가즈오 이시구로(Kazuo Ishiguro)가 쓴 『나를 보내지 마』(2005)에도 비슷한 고민이 담겨 있답니다. 과학이 발달할수록 인간 존엄의 문제는 심각하게 다뤄질 수밖에 없어요. 인간이 인간을 만들어 낸다는 발상은 언뜻 놀라운 성취를 통해 인간의 위상을 높이게 될 것 같지만, 결국에는 인간을 도구화하거나 물질로 전락시키는 결과를 초래할 테니까요.

공상과학소설(SF, Science Fiction)이란? ─────────

사전적 의미로 공상과학소설이란 미래의 과학이나 기술 발달, 사회 혹은 환경의 변화를 상상하여 쓰인 소설을 말합니다. 이 장르에서는 우주, 시간 여행, 외계 생명 등이 종종 묘사되지요. 공상과학소설의 정의에 대해서는 여러 작가와 비평가, 학자들 사이에 의견이 다양하지만, 명칭에서 나타난 바와 같이 과학을 제재로 하여 허구의 세계를 그리는 것이 특징이라고 할 수 있습니다. 현실에서는 불가능한 일이나 미래의 세계를 그리지만, 이를 통해 현재의 상황을 비판적으로 드러내는 경향이 있습니다.

소설은 왜 새롭다는 의미인
'novel'로 불렸을까요?

　세계 최초의 소설은 일본 여성이 썼다고 해요. 11세기 초 일본의 궁녀였던 무라사키 시키부가 남녀의 애정을 다룬 『겐지 이야기』를 썼는데, 이 안에 담긴 정교한 심리 묘사로 인해 근대적 산문이라고 평가받아요. 근대 소설을 가늠한 기준 중 하나가 환상이냐 사실이냐였는데, 인간의 심리를 다루는 것은 사실주의 소설에서 드러나는 특징 중 하나랍니다.

　영문학에서 소설의 역사는 그다지 길지 않아요. 우리나라 최초의 소설은 김시습(1435~1493)의 한문 소설인 『금오신화』라고 해요. 영문학에서는 1719년에 출간된 『로빈슨 크루소』를 꼽고요. 그런데 두 소설은 성격이 달라요. 『금오신화』는 '신화'라는 말이 암시하듯이 내용이 사실적이기보다는 전기적(傳奇的, 기이하여 세상에 전할 만한 것)이에요. 귀신과의 사랑, 현실과 구분되지 않는 꿈같은 이야기들이죠.

　소설의 개념은 국문학과 영문학에서 서로 다르게 나타나요. 한국에서 소설(小說)은 말 그대로 작은 이야기라는 의미예요. 이규보(1168~1241)가 『백운소설』이라는 산문집에서 '소설'이라는 명칭을 처음 사용했는데, 여기서는 자질구레한 이야기, 하찮은 이야기라는 뜻이었어요. 영어에서 소설을 뜻하는 'novel'이란 단어는 그 어원이 이탈리아어 'novella'에 있어요. 이 말에는 새로운 것 혹은 신기한 것이라는 뜻이 있어요. 왜 이런 단어를 사용하게 되었을까요? 영문학에서 소설(novel)은 그 이전 장르인 로맨스(romance)와 구별돼요. 로맨스는 현대에 보통 '사랑 이야기'라는 의미로 사용되지만, 문학에서 로맨스라고 하면 12세기부터 13세기에 걸쳐 중세 유럽에서 유행한 문학 갈래를 말해요. 기사들이 주인공으로 등장하며 전기적이고 공상적인 요소가 많지요. 로맨스가 꿈과 환상의 세계를 그린다면, 소설은 현실의 삶을 사실적으로 표현합니다.

· 헨리 필딩 ·

소설은 시나 희곡에 비해 나중에 생겨난 장르예요. 산업혁명 이후 인쇄술이 발달하고 중산층이 새로운 독자층으로 부상하면서 인기를 얻게 되었죠. 1737년 영국에서 공연 허가제가 생기면서 전통적으로 인기 있던 장르인 희곡이 쇠퇴하자, 소설은 더욱 발달했고 특히 여성들에게 인기가 많았어요. 소설의 소재 역시 신선해졌어요. 새로운 사건을 제재로 하여 사실적으로 묘사하는 장르의 특성상, 많은 소설가들이 생생하고 흥미로운 이야기를 쓰는 데 자신의 역량을 기울였답니다.

　초기 소설가로는 앞서 언급한 대니얼 디포 외에도 헨리 필딩(Henry Fielding, 1707~1754)을 들 수 있습니다. 그가 쓴 『업둥이 톰 존스 이야기』(1749)는 무려 35만 개에 가까운 단어로 쓰였고, 18권 208장(chapter)으로 구성된 무척 긴 소설입니다. 주인공의 성장과 성공 과정을 통해 18세기 영국 사회를 풍자하고 인간의 본성을 탐색하며, 인물과 사건의 창조자로서 소설가의 위상을 부각시킨 작품으로 평가되지요.

CHAPTER
03

시대에 따라 영문학은
어떻게 발전했나요?

"사람은 책을 만들고, 책은 사람을 만든다."는 말을 들어 보셨나요? 이는 개인에게 미치는 책의 영향력을 강조한 말로, 교보생명 창업자인 신용호 회장이 1981년에 교보문고를 만들며 남긴 명언이에요.

책은 개인의 지적, 정서적, 의지적 발달뿐만 아니라 공동체의 발전에도 영향을 미쳐요. 특히 문학은 시대상을 반영한다고 하지요. 그 시대가 어떤 모습을 띠고 있는지를 비판적으로 보여 주거든요. 그리고 이러한 비판적 반영은 시대와 사회를 개선하는 원동력이 되기도 해요. 다시 말해 사회를 거울처럼 비춰 줄 뿐만 아니라, 고칠 부분 등을 깨닫고 발전시키게도 하는 것이지요. 그래서 문학작품을 보면 당대의 사회와 문화를 이해할 수도 있고, 또 그 사회가 지향해야 할 바를 알게 된답니다. 문학사가 곧 인간의 역사이자, 시대에 대한 안목과 지침의 기록인 것이지요.

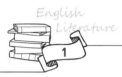

영문학의 주요 시대
구분을 알아보아요

문학도 시대에 따라 달라져요

우리나라 문학에서도 고전문학과 근현대문학으로 시대를 구분하지요. 고전문학에는 고대가요, 설화·신화, 신라시대의 향가, 고려의 가요, 조선의 악장, 시조, 판소리, 민요, 잡가 등이 있고요, 근현대문학에는 소설, 희곡, 시, 비평 등이 있어요. 그렇다면 영문학은 시대에 따라 어떻게 발전해 왔을까요?

영문학사를 알기 위해서는 영국사를 살펴볼 필요가 있어요. 문학과 문화, 역사는 긴밀하게 관련되어 있으니까요. 영국이란 나라는 게르만족의 침략을 받은 5세기부터 형성되었어요. 그 전에는 로마제국의 지배를 받던 켈트족의 브리타니아가 있었지만, 이는 국가라고 보기에는 미흡했어요. 국가가 성립하기 위해서는 영토, 국민, 주권이 있어야 하는데, 당시 주권은 로마에 있었으니까요. 시저가 로마를 다스리기 위해 브리타니아를 떠나면서 앵글족과 색슨족 등 게르만족이 영국에 도착했는데, 그때부터 영국의 역사가 시작되었다고 할 수 있어요. 영국인을 의미하는 English라는 명칭도 앵글족을 의미하는 Angles에서 비롯되었답니다.

고대 영어는 어떻게 생겼을까?

고대 영어는 현존하는 가장 오래된 영시 중 하나로 꼽히는 『베어울프』를 통해 살펴볼 수 있어요. 이 시는 8세기에서 11세기 사이에 쓰인 것으로 추정되는데, 영어보다는 독일어 발음에 가깝게 느껴져요. 『베어울프』의 첫 부분을 고대 영어와 현대 영어로 비교해 살펴보고, 한국어 번역을 보도록 할게요.

Hwæt! We Gardena   *in geardagum,*

Listen! We of the Spear-Danes in days of yore

들어 보라! 우리는, 옛날에 창으로 무장한 데인족을

þeodcyninga,   *þrym gefrunon,*

Of those folk-kings   the glory have heard,

다스리는 백성들의 왕들의 용맹함에 대해 들어 왔으며,

hu ða æþelingas   ***ellen fremedon.***

How those noblemen   brave-things did.

왕들이 어떻게 용맹한 일을 했는지에 대해 들어 왔노라.

고대 영어와 현대 영어에는 엄청난 차이가 있죠? 오늘날에는 없는 철자도 있고, 발음을 어떻게 해야 할지 잘 모르겠다 싶은 단어도 많아요. 참고로 스물여섯 개의 근대 알파벳 철자는 16세기부터 사용되었다고 합니다.

중세 영어는 노르만 정복 이후 200년쯤 지나서부터 시작된 걸로 봅니다. 이때 영어는 현대의 영어와 상당히 유사하게 바뀌었답니다. 다음 꼭지에서 중세 영어로 쓰인 제프리 초서(Geoffrey Chaucer, 1343~1400)의 『캔터베리 이야기』(1476)를 통해 좀 더 자세히 알아 볼게요.

• 영웅의 이야기를 담은 『베어울프』 •

중세: 현대 영어의 기틀을 만들다

영어의 체계를 만든『캔터베리 이야기』

제프리 초서라는 이름을 들어 보셨나요? 세계사에 관심이 있다면 아마 한 번쯤 들어 봤을 거예요. 그가 쓴『캔터베리 이야기』는 중세 유럽 문학의 새 시대를 여는 작품이라고 평가 받았답니다. 왜일까요? 그전의 문학과 비교해『캔터베리 이야기』는 뭐가 달랐을까요?

먼저 『캔터베리 이야기』의 의의를 살펴볼게요. 이 작품을 통해 초서는 영어를 체계를 갖춘 언어로 만들었다고 해요. 초서 이전에는 지배층이 쓰는 영어와 일반인의 영어가 명확히 구분되었고, 지역마다 사용하는 언어가 달랐어요. 상류층에서는 라틴어를 사용하는 경우가 많았고, 산문도 주로 라틴어로 썼어요. 문학에서는 연대기 같은 역사 문학, 종교적이거나 교훈적인 시, 프랑스의 영향을 받은 로맨스가 주를 이루었고요. 초서는

중세 영국의 작가였던 제프리 초서는
당시 상류층에서 사용하던 프랑스어나 라틴어 대신
영어로 시를 쓰면서 영국의 생활상을 잘 표현해 냈어요.

프랑스어나 라틴어의 영향을 벗어나 영어로 시를 썼고, 영국의 생활상을 잘 표현했어요.

초서가 살았던 시대는 과도기라고 할 수 있어요. 봉건제가 점점 사라지고 부르주아 계급이 등장하기 시작했거든요. 그래서 『캔터베리 이야기』에서는 중세의 생활상과 근대로의 변화가 동시에 드러나지요. 초서는 이 작품을 1387년부터 사망한 해인 1400년까지 썼어요.

제목이 『캔터베리 이야기』인 것은 이야기의 배경과 관련이 있어요. 캔터베리 대성당으로 가는 순례자들이 서로 돌아가며 이야기를 하는 것으로 구성되어 있거든요. 이들은 캔터베리로 떠나기 전에 타바드라는 여관에 모이는데, 여관 주인의 제안으로 이야기를 하게 돼요. 다양한 사람들이 공통의 목적으로 길을 가며 흥미로운 이야기를 들려준다는 설정이지요.

이 작품에서 유명한 인물 중 하나가 '바스의 여장부'랍니다. 이 여자는 다섯 번 결혼한 전력이 있는데, 그녀가 들려주는 이야기도 매우 독특해요. 기사의 이야기인데요. 그는 우아한 미인이 아니라 추한 노파와 결혼해요. 사연은 이래요. 죄를 지어 사형 위기에 처한 기사가 '여자들이 가장 원하는 것'이 무엇인지를 1년 안에 알아내면 목숨을 구할 수 있다는 이야기예요. 이 기사는 우여곡절 끝에 한 노파로부터 정답을 알아내요. 여자들이 원하는 바는 남편을 다스리는 것이라는 점을 말이지요. 왕비는 기사가 이 답을 말하자 정답임을 부인하지 못하고 기사를 살려 줘요.

가까스로 목숨을 건진 기사는 정답을 알려 준 노파의 청을 들어주어 그녀와 결혼해요. 늙은 여자와 사는 기사가 갈등을 겪으니, 노파가 제안을

• 엘즈미어 필사본에 등장하는 바스의 여장부 •

해요. 못생기고 늙었으나 정절을 지키는 아내가 될까, 예쁘지만 여러 남자들을 집에 드나들게 하는 여자가 될까 하고 말이에요. 기사는 노파에게 당신의 현명한 판단에 따르겠으며, 당신이 원하는 선택에 나도 만족한다고 대답해요. 그러자 추한 노파가 젊고 예쁘고 정절까지 지키는 여자로 변신을 했답니다. 아내에게 당신이 하고 싶은 대로 해라, 당신이 좋으면 나도 좋다고 했더니 그야말로 완벽한 여자가 되어 준다는 이야기에요. 당시로서는 매우 독특한 이야기이지요.

영문학사에서 가장 아름다운 구절

작품 속 인물들과 그들이 들려주는 이야기 외에도 『캔터베리 이야기』가 갖는 매력은 많습니다. 그중 하나가 이 작품의 18행이에요. 이 구절은 영문학사에서도 가장 아름다운 구절로 평가된답니다. 전체 서곡의 첫 18행은 많은 이들이 암송하기도 해요. 이 서곡을 중세 영어, 근대 영어, 그리고 한국어 번역의 순서로 살펴볼게요. 근대 영어 번역은 하버드대학교 웹

사이트에서 제공하는 번역으로 실었습니다.

Whan that Aprill with his shoures soote

When April with its sweet-smelling showers

4월이 달콤한 향기의 봄비로

The droghte of March hath perced to the roote,

Has pierced the drought of March to the root,

3월 가뭄을 뿌리까지 파고들어

And bathed every veyne in swich licour

And bathed every vein (of the plants) in such liquid

모든 줄기를 그 물기로 적시면

Of which vertu engendred is the flour;

By the power of which the flower is created;

그 힘으로 꽃이 만들어지네.

Whan Zephirus eek with his sweete breeth

When the West Wind also with its sweet breath,

서풍은 그 달콤한 입김으로

Inspired hath in every holt and heeth

In every holt and heath, has breathed life into

모든 숲과 황야에서 부드러운 곡식에

The tendre croppes, and the yonge sonne

The tender crops, and the young sun

생명을 불어넣고, 어린 태양은

Hath in the Ram his half cours yronne

Has run its half course in Aries,

백양궁의 반을 거쳐 달려왔고

And smale foweles maken melodye,

And small fowls make melody,

작은 새들은 노래를 만들며

That slepen al the nyght with open ye

Those that sleep all the night with open eyes

뜬눈으로 밤새 잠잠히 있도다

(So priketh hem Nature in hir corages),

(So Nature incites them in their hearts),

(자연이 그토록 그들의 마음을 부추겼기에)

Thanne longen folk to goon on pilgrimages,

Then folk long to go on pilgrimages,

사람들은 순례 떠나기를 갈망하고

And palmeres for to seken straunge strondes,

And professional pilgrims (long) to seek foreign shores,

성지 순례자는 먼 곳 찾기를 열망하니

To ferne halwes, kowthe in sondry londes;

To (go to) distant shrines, known in various lands;

여러 지방에 알려진 먼 성지로 가기 위해

And specially from every shires ende

And specially from every shire's end

영국의 모든 지역 저 아주 끝에서부터

Of Engelond to Caunterbury they wende,

Of England to Canterbury they travel,

캔터베리로 여행을 하여

The hooly blisful martir for to seke,

To seek the holy blessed martyr,

거룩하고 복된 순교자를 찾으려 하나니

That hem hath holpen whan that they were seeke.

Who helped them when they were sick.

그분은 그들이 병들었을 때 도왔던 이시라.

어떤가요? 중세 영어 역시 낯설지만, 고대 영어에 비해서는 가깝게 느껴지지 않나요? 중세 영어는 여전히 어렵고, 근대 영어라도 시 해석은 헷갈린다고요? 그럴 수 있어요. 철자의 차이도 있고 영어 어순은 한국어와 다르니 말이죠. 더구나 시는 함축적(含蓄的, 겉으로 잘 드러나지 않는, 깊은 속뜻이 있는)이고 행이 중간에 바뀌기도 하니 더 복잡하게 느껴질 수 있어요.

시를 잘 해석하려면 문학적 감수성뿐만 아니라 정확한 문법 지식과 다양한 배경지식이 필요해요. 함축적 의미를 파악하고 시에서 말하는 용어들의 의미를 알아야 제대로 해석할 수 있거든요. 이렇게 힘들게 시를 해석해 내면 보람도 있답니다. 까다로운 영시를 해석하기 위해 자료를 찾고 문법과 독해 실력을 기르면 영어 능력이 부쩍 느는 것을 느낄 수 있답니다. 수학 과목에서 어려운 문제를 끙끙대며 푸는 훈련을 하면 난이도가 낮은 문항은 빠른 시간 안에 정답을 낼 수 있는 것처럼 말이에요.

시를 암송하면 회화 능력도 키울 수 있어요. 일상 회화에서도 축약과 비유를 쓸 때가 많은데, 시가 바로 그런 특징을 지닌 장르니까요. 『플루언트』의 저자 조승연 씨도 외국어를 배울 때 그 언어로 된 훌륭한 문학작품을 보라고 했어요. 특히 시가 회화 공부에 도움이 된다고 했고요. 유튜브에서 『캔터베리 이야기』의 프롤로그를 낭송하는 비디오도 찾아볼 수 있어요. 중세 영어로 들으면 처음엔 이게 영어인가 싶다가도 차차 이해가 되면서 묘한 매력에 빠져든답니다. 현대의 영어로 시를 외우면 세련되고 문학적인 표현도 배울 수 있지요.

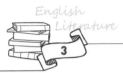
르네상스 시대:
밀턴과 셰익스피어가 등장하다

르네상스의 문학은 무엇이 달랐을까?

르네상스라고 하면 문예부흥을 떠올려요. 고대 그리스와 로마의 문화를 새롭게 인식하고 받아들이는 활동이었지요. 그렇다면 르네상스 시대 문학의 특징은 무엇일까요? 이탈리아의 르네상스에서 대표적인 문학가인 단테(Dante Alighieri, 1265~1321), 페트라르카(Francesco Petrarch, 1304~1374), 보카치오(Giovanni Boccacio, 1313~1375)를 중심으로 살펴볼게요.

단테의 『신곡』(1472)은 단테 본인이 로마의 시인이자 『아이네이스』의 저자 베르길리우스의 안내를 받아 지옥과 연옥을 각 사흘간 여행하는 내용을 담고 있어요. 천국은 단 하루 동안, 그가 사랑한 여인 베아트리체의 인노로 가세 뇌고요.

• 구스타프 도레가 그린 『신곡』의 삽화 •

페트라르카는 유명한 연작 서정시 『칸초니에레』(1470)에서 그가 사랑했던 여인 라우라를 향한 짝사랑을 고백해요. 이 시는 시인으로서 페트라르카의 성장 역시 보여 줍니다. 페트라르카가 죽을 때까지 쓴 이 시는 그의 사후(死後)에 출판되었어요.

보카치오는 『데카메론』(1353)이라는 소설을 통해 흑사병이 창궐한 피렌체에서 피신한 남녀 열 명의 이야기를 들려줘요. 그들은 별장에 모여 열흘간 100편의 이야기를 하는데, 각 이야기들은 운명, 사랑, 의지, 미덕, 속임수 등을 다루고 있어요.

단테, 페트라르카, 보카치오의 작품이 보여 주는 공통점은 그 소재가 신이 아니라 인간이고, 인간의 이성과 의지, 그리고 감정을 옹호하며 표현한다는 점이에요. 그리고 문학작품을 통해 작가의 위상 역시 높인다는 게 특징이에요. 인물과 세계를 만들어 내는 주체가 작가임을 시사하며, 창작의 힘을 부각시키니까요.

영국 르네상스를 꽃피운 작가들

영국 르네상스 시대의 대표적인 작가는 누구일까요? 흔히 윌리엄 셰익스피어와 존 밀턴을 꼽아요. 이탈리아에서 시작된 르네상스는 대개 1300년에서 1600년까지로 보는데, 밀턴과 셰익스피어는 이보다 조금 후기의 인물이에요. 이탈리아의 르네상스가 알프스를 넘어 유럽의 다른 국가인 프랑스, 네덜란드, 영국, 독일, 스페인 등지로 퍼져나가면서 조금씩 시차가 생긴 셈이죠.

이 시기에 활동한 에드먼드 스펜서는 『요정 여왕(The Faerie Queene)』이라는 작품을 썼는데, 여기서 그는 스펜서식 시구(Spenserian stanza)라는 형식을 창안해요. 1~8행은 약강 오보격, 마지막 행인 아홉 번째 행은 약강 육보격으로, 총 9행이며 ababbcbcc의 각운을 사용합니다. 『요정 여왕』은 손꼽히게 긴 영시 중 하나인데 알레고리를 사용한 게 주요 특징입니다. 거룩, 절제, 정절, 우정, 정의, 공손이라는 여섯 가지 미덕을 상징하는 각각의 기사가 등장하고, 모든 미덕을 다 갖춘 기사 아서도 등장합니다. 절망, 거

• 윌리엄 셰익스피어 •

짓, 교만을 상징하는 인물들도 나타나고요. 이처럼 추상적인 가치를 의인화하거나, 한 인물이 특정한 부류를 나타내는 것이 알레고리 문학의 특징입니다. 스펜서는 이 시를 "덕스럽고 고상한 훈련으로 신사와 귀족을 만들기 위해" 썼다고 밝혔어요.

셰익스피어와 밀턴도 비슷한 경향을 띠어요. 셰익스피어의 비극은 고대 그리스 비극처럼 인간의 운명을 다루기보다는 인물의 성격으로 발생하는 비극을 주로 표현해요. 입체적인 인물 묘사와 다양한 상황 표현으로 인물간의 갈등과 사건의 박진감 있는 전개를 보여 주지요. 밀턴 역시 인간의 이성과 자유의지 그리고 선택의 중요성을 부각시키며, 이것이 인간의 삶을 이끌어 가는 힘임을 보여 줍니다.

알레고리(allegory, 寓意)란?

알레고리는 사물의 빗대어 의미를 표현하는 문학적 기법입니다. 사전적 의미는 '본래의 뜻은 감추고 나타나 있는 것 이상의 깊은 뜻이나 내용을 미루어 살피게 하는 문장 수사법'이랍니다. 예를 들어 조지 오웰의 『동물 농장』(1945)처럼 인물 안에 윤리, 종교, 정치의 상징적 의미를 담아 교훈을 전하는 것이지요. 『동물 농장』은 소련의 전체주의를 비판하고 풍자하는 소설이에요. 농장에 살던 동물들이 못된 주인을 쫓아내고 농장을 운영하지만, 혁명을 이끈 권력층도 독재하며 부패한다는 이야기이지요. 돼지 나폴레옹은 소련의 독재자였던 스탈린을, 돼지 스노우볼은 스탈린의 정적(政敵, 정치에서 대립관계에 있는 사람, 혹은 경쟁자)이었던 트로츠키를, 개는 스탈린이 독재를 위해 이용했던 비밀경찰을 의미합니다.

인간의 이성과 의지를 표현한 르네상스 문학

르네상스 시대의 작품들은 인간을 중심에 두고 인간의 이성과 의지, 감정을 표현하는 데 주력했어요. 셰익스피어의 작품에서 이러한 특징이 어떻게 나타나는지 햄릿의 독백을 통해 살펴보도록 할게요.

인간이란 참으로 걸작품이 아닌가! 이성은 얼마나 고귀하고, 능력은 얼마나 무한하며, 생김새와 움직임은 얼마나 깔끔하고 놀라우며, 행동은 얼마나 천사 같고, 이해력은 얼마나 신 같은가! 이 지상의 아름다움이요 동물들의 귀감이지 ―헌데, 내겐 이 무슨 흙 중의 흙이란 말인가? 난 인간이 즐겁지 않아― 여자도 마찬가지야, 자네는 웃으며 반대하는 것 같지만.

『햄릿』, 제2막 제2장, 최종철 역, 민음사

What a piece of work is a man! How noble is reason! how infinite in faculty! in form, in moving, how express and admirable! in action how like an angel! in apprehension how like a god! the beauty of the world! the paragon of animals! And yet, to me, what is this quintessence of dust? Man delights not me; no, nor woman neither, though, by your smiling, you seem to say so.

『Hamlet』, Act 2 Scene 2, line 295-302

셰익스피어는 햄릿의 입을 빌어 인간의 위대함을 노래하고 있어요. 이성과 능력, 생김새, 움직임, 행동, 이해력을 모두 칭찬하지요. 배신과 조롱을 당하며 인간에 대한 혐오감을 드러내기도 하지만, 타락하거나 오염되지 않은 본래의 인간은 아름답고 위대한 존재로 표현됩니다. 기독교적 세계관을 바탕으로 하고 있음에도 하나님을 찬양하는 것 못지않게 인간, 심지어 자기 자신에게도 찬사를 보냈지요. 그것은 글쓰기의 힘에 대한 신뢰로 이어져요. 자신의 이성으로 하나님의 뜻을 파악하고, 작품을 통해 이를 알릴 수 있다는 신념이 드러나거든요. 이는 작가가 곧 위대한 창조자가 될 수 있다는 믿음이라고 할 수 있어요.

형이상학파와
신고전주의가 등장하다

색다른 연관성을 발견하는 기발한 착상

영문학사에는 자신이 살던 시대에는 별로 인정을 받지 못했지만 후대에 높이 평가되는 인물들이 있어요. 그중 하나가 존 던(John Donne, 1572~1631)이라는 사람이에요. 그는 영국 국교를 거부하는 바람에 케임브리지대학을 졸업하지 못했고, 앤 모어(Anne More, 1601~1617)와 비밀 결혼을 한 탓에 안정적인 직장에서도 쫓겨났어요. 이때 던은 자신의 처지를 "John Donne, Anne Donne, Un-done(존 던, 앤 던, 망했네)."라고 표현했어요. 가난과 박해, 잃어버린 명성, 질병, 친구들의 죽음뿐 아니라, 마지막 아이를 사산한 아내의 죽음까지, 던의 인생에는 우여곡절이 많았어요.

그는 후견인을 얻어 시를 쓰기도 했지만, 자신의 바람과는 달리 당시 왕이었던 제임스 1세의 명령에 따라 성직의 길을 걷게 됐어요. 사랑, 종교에

• 아이작 올리버가 그린 존 던의 초상 •

대한 시뿐 아니라 유명한 설교들을 남겼고요. 그의 시 대부분은 사후에 출판되었답니다. 존 던은 수사학적으로 기발한 시를 썼어요. 언뜻 봐서 논리적으로 연관성이 없어 보이는 것들 사이에서 매우 밀접한 관계를 찾아 비유를 만들어 내는 것이지요. 이러한 기법을 '형이상학적 착상'이라고 일컬어요.

형이상학이라고 하면 사물의 본질을 사유하는 철학이기 때문에 일견 어려운 학문으로 여겨지지요. 존 던의 시를 형이상학적이라고 표현한 것은, 복잡하게 뒤얽히고 엉뚱한 착상이 마치 철학처럼 심오하고 난해해 보이기 때문이에요. 여기서 착상에 해당하는 영어단어가 'conceit'랍니다. 공상, 기발한 착상, 변덕 등을 의미하는 단어이지요.

외관상 닮지 않은 사물에서 상반되는 이미지를 조합하여 설명과 비교, 인유를 통해 유사성을 찾아내는 것이 형이상학 시의 특징입니다. 그 예로 존 던의 시 중 「고별사: 애곡을 금함(A Valediction: Forbidding Mourning)」에서 두 연인의 관계를 컴퍼스의 다리에 비유한 것을 들 수 있어요. 멀어진다 하더라도 결코 헤어지지는 않는 컴퍼스의 다리로 사랑을 표현한 것이지요. '형이상학 시'라고 하면 어렵고 철학적인 시로 인식되지만, 사실은 기이할 만큼 독창적이고 재미있는 시라고 할 수 있어요.

존 던은 시의 어법을 따르기보다 회화 어투를 사용하는 파격적인 시도를 해요. 그래서 벤 존슨(Ben Jonson, 1572~1637)이라는 극작가이자 시인은 "악센트를 지키지 않은 존 던은 교수형에 처해 마땅하다(Donne, for not keeping of accent, deserved hanging)."고 말하기까지 했어요. 그러나 20세기 들어 T. S. 엘리엇 같은 유명한 시인은 존 던을 재평가했어요. 기발한 착상에 감성과 지성이 잘 결합된 시의 모범이라고 보았거든요.

　미국의 소설가 어니스트 헤밍웨이(Ernest Hemingway, 1899~1961)의 소설 『누구를 위해 종은 울리나』(1940)도 존 던의 명상 기도집에서 그 제목을 따왔답니다. 이건 유명한 구절이니 한번 살펴볼게요.

No man is an island,

Entire of itself.

Each is a piece of the continent,

A part of the main.

If a clod be washed away by the sea,

Europe is the less.

As well as if a promontory were.

As well as if a manor of thine own

Or of thine friend's were.

Each man's death diminishes me,

For I am involved in mankind.

Therefore, send not to know

For whom the bell tolls,

It tolls for thee.

누구든 그 자체로서

온전한 섬은 아니다.

모든 인간은 대륙의 한 조각이며,

전체의 일부이다.

만일 흙덩이가 바닷물에 씻겨 내려가면

유럽의 땅은 그만큼 작아지며,

만일 갑(岬)이 그리되어도 마찬가지며

만일 그대의 친구들이나 그대의 영지(領地)가

그리되어도 마찬가지이다.

어느 누구의 죽음도 나를 감소시킨다.

왜냐하면 나는 인류 전체 속에 포함되어 있기 때문이다.

그러니 누구를 위하여 종이 울리는지를 알고자 사람을 보내지 말라!

종은 그대를 위해서 울리는 것이니!

김태완 역

이성과 질서의 시대가 도래하다

17세기 중반에서 18세기 말까지는 영문학에서 신고전주의 시대라고 불립니다. 이성과 질서, 법을 중시한 시대였어요. 자유, 권리, 감성, 공감, 예의 등을 소중히 여기는 사회 풍토가 이때 생겨났어요. 신고전주의 작가들은 전통을 중시했고 고대 그리스와 로마를 모범으로 삼았습니다. 문학에서도 훈련과 기술을 강조했어요. 시가 '인생의 모방'이고 '자연을 비추는 거울'이라고 보았기 때문에 인간의 보편적인 경험과 감정을 중시했지요.

신고전주의 시대는 1660년에서 1700년의 왕정복고 시대, 1700년에서 1745년의 이성의 시대, 1745년에서 1798년의 감수성의 시대로 나눕니다. 시대별로 존 드라이든(John Dryden, 1631~1700), 알렉산더 포프(Alexander Pope, 1688~1744), 벤 존슨(Ben Jonson, 1572~1637)이라는 대표적인 작가가 있었어요. 이들은 고전 시인들의 작품을 본보기로 삼아 정해진 규칙과 형식에 따른 작시법(作詩法, 시를 짓는 방법)을 연마했어요. 상상력보다는 이성과 판단력을 존중했고요.

신고전주의 작가들 중에서 가장 유명한 인물을 꼽으라면 알렉산더 포프라 말할 수 있어요. 그는 "간결은 위트의 정수(Brevity is the soul of wit)."라는 유명한 말을 남긴 인물이에요. 대표적인 시로는 「머리타래의 강탈」(1712)이 있고요. 이 작품은 영웅시를 풍자적으로 모방했어요. 형식적으로는 영웅시체 2행 연구(heroic couplet)이고, 내용면에서는 의사(疑似, 실제와 비슷하다는 의미) 영웅시 혹은 모의 서사시이지요.

호메로스의 『일리아드』와 『오디세이』가 트로이 전쟁과 그 이후의 방랑을 그리고, 베르길리우스의 『아이네이스』가 로마제국의 건국신화를 노래하는 것처럼 서사시는 영웅이나 신화, 국가 혹은 민족의 운명을 다뤄요. 「머리타래의 강탈」에서 포프는 이런 장엄한 서사시의 형식을 가져와 일상의 사소한 사건을 우스꽝스러울 만큼 과장되고 진지하게 묘사한답니다. 벨

포프는 사소한 사건을 과장되고 거창하게 표현하여
인간의 비합리적 면모를 재미있게 풍자했어요.

린다라는 아가씨의 머리카락 일부가 잘려 빼앗기고 이를 되찾으려는 소동이 벌어지는 것을 영웅의 전쟁처럼 다루거든요. 내용과 문체가 어울리지 않기 때문에 코믹한 효과가 빚어지지요.

신고전주의 시대는 합리성을 강조했던 시기였기 때문에, 인간의 비합리적인 면모를 풍자하거나 아이러니로 표현하는 경향이 강했어요. 「머리타래의 강탈」에서 여자가 늦잠을 자고 일어나 온갖 치장을 하는 모습을 마치 전쟁 출정식처럼 표현하거나, 머리카락 탈취 사건을 심각한 갈등과 격분으로 묘사하는 것이 그 예이지요. 포프는 평범한 일상을 거창한 서사시의 형식으로 표현하고 사소한 일을 엄청난 사건으로 부풀리는 방식으로 인간의 비합리적인 면모를 비판적으로 보여 준답니다.

시의 일부를 보며 조금 더 구체적으로 살펴볼게요.

See, fierce Belinda on the baron **flies**,

With more than usual lightning in her **eyes**,

Nor fear'd the chief th' unequal fight to **try**,

Who sought no more than on his foe to **die**.

보라, 사나운 벨린다가 남작에게 달려드는 것을,

눈에는 평소와 다른 번개를 내는 것을,

적장 또한 불평등한 싸움하기를 두려워하지 않고,

원수의 몸 위에서 죽는 것 이상을 바라지 않네.

영웅시체 2행 연구는 약강 오보격을 따르되, 각운이 aabb 식으로 두 행씩 짝을 이룹니다. flies, eyes가 한 쌍, try, die가 한 쌍이지요. 긴 이야기를 전개하면서 시의 형식을 유지하고 각운까지 맞추려면 뛰어난 재능이 필요하겠지요? 포프는 신고전주의 시대에 중시했던 우아함, 기지, 적격을 따르고 형식미와 재치가 돋보이는 작품을 써서 당대에도 그 재능을 인정받았답니다.

적격(適格, decorum)이란?

격에 맞다, 예법상 옳다는 의미로, 문학에서는 등장인물의 행동, 말, 장면이 적절하게 표현되었다는 것을 의미합니다. 가령 연극에서 왕이 왕다운 복장을 하고 품위 있는 어휘와 어조로 말할 때 '데코럼(decorum)을 지켰다'고 표현하지요. 데코럼은 적절함과 조화로움을 뜻하기도 합니다.

19세기: 시의 형식이 자유로워지고 소설이 발달하다

시에서 형식은 어떤 기능을 할까요?

여러분은 시가 뭐라고 생각하세요? 얼핏 생각하면 짧다는 게 떠오르지 않나요? 그래서 글쓰기를 별로 좋아하지 않는 친구들은 백일장 대회에서 산문 대신 운문을 택해 얼른 끝내고 신나게 놀기도 하지요. 간혹 시가 책 한 권, 혹은 책 몇 권 분량인 경우도 있지만 대개 시는 짧아요.

시라는 말을 들으면 또 뭐가 떠오르세요? 운율! 그렇지요. 시에는 운율 이 있어요. 앞글자의 운이 맞으면 두운이 있다고 해요. 뒷글자의 운은 각 운이라고 하고요. 영어로 두운은 alliteration이라고 하고, 각운은 rhyme 이에요. 한국 시와 영시의 차이점이 있다면, 국어에서 두운은 앞 글자가 같은 것을 의미하지만, 영어에서는 앞글자의 발음뿐 아니라 강세도 같아 야 한다는 점이에요. 강세를 받는 첫 음이 반복될 때 alliteration이 있다고 보는 것이지요.

낭만주의 시는 형식에서 비교적 자유롭지만, 운율이 규칙적으로 나타날 때도 있어요. 존 키츠가 쓴 시 중 「내 생명이 다하리란 두려움을 느낄 때 (When I have fears that I may cease to be)」(1848)란 작품이 있어요. 시의 제목인 'When I / have fears / that I / may cease / to be'라는 구절도 약강 오보로 구성되어 있어요. 각 행 맨 뒷글자의 각운까지 맞추면 약강 오보격 시가 되고, 각운까지는 맞추지 않으면 무운시(blank verse)가 되지요.

처음엔 약강을 맞추어 시를 읽는 것도 쉽지 않아요. 각운의 패턴을 놓칠 수도 있고요. 그런데 이처럼 복잡하고 어려워 보이는 운율을 따르는 이유는 뭘까요? 음악적 효과를 통해 의미를 더욱 잘 전달하고, 시의 예술성을 높이기 위해서라고 볼 수 있어요. 정교한 형식이 있고 리듬이 생기면 시적 효과가 더해지니까요.

형식으로부터 자유로워진 낭만주의 시대

예외적인 경우도 있지만 낭만주의 시대의 시는 형식이나 시어의 적격 (decorum)으로부터 자유롭습니다. 낭만주의 시대는 워즈워스(William Wordsworth, 1770~1850)와 콜리지(Samuel Taylor Coleridge, 1772~1834)가 『서정담시집(Lyrical Ballads)』(1798)이란 작품을 발표한 때부터 월터 스콧 경(Sir Walter Scott, 1771~1832)이 사망한 해까지로 보아요. 이때는 각

1789년에 일어난 프랑스혁명은
낭만주의 시대의 문학에도 큰 영향을 주어
평범한 인간의 경험과 감성을 존중하는 풍토를 만들었어요.

운을 쓰거나 특정한 운율을 따르거나, 혹은 시어다운 단어를 써야 한다는 고정관념에서 벗어나려는 움직임이 강했어요. 문학에서 혁신과 개성이 더욱 두드러진 것이지요.

월리엄 워즈워스, 조지 바이런 경, 퍼시 셸리, 존 키츠 같이 우리에게 잘 알려진 시인들은 주로 낭만주의 시대에 활동했어요. 이들의 시는 내용과 형식면에서 자유로우며 이성보다는 상상력을 존중하고 감정의 자연스러운 표출을 옹호했어요. 그래서 낭만주의 시들은 비교적 이해하기 쉽고 강한 감동을 주는 경향이 있어요.

낭만주의 시대의 문학적 특성은 당대 유럽 분위기를 반영한 것이기도 해요. 1789년은 프랑스혁명이 일어난 해예요. 부르봉 왕조의 절대주의 구제도를 타파하고, 근대 시민사회를 이룩하려 한 혁명이었지요. 혁명이 점점 유혈사태로 치닫고 나폴레옹의 황제 즉위로 인해 결국 실패로 돌아갔지만, '자유, 평등, 박애'라는 가치는 여전히 높이 평가되고 있어요. 인간의 보편적 자유와 권리를 존중하는 혁명의 이상은 문학에서도 평범한 인간의 경험과 감성을 존중하는 풍토를 만들었어요.

소설이 발달한 빅토리아 시대

영문학사에서는 낭만주의 시대 다음을 빅토리아 시대로 봅니다. 빅토리아 시대는 빅토리아 여왕이 재위한 1837년에서 1901년까지를 말해요. 이

· 빅토리아 여왕 ·

시대의 영문학에서는 몇 가지 특징이 나타나요. 이 역시 당대 영국의 정치적, 사회적 특성을 반영합니다. 빅토리아 시대는 영국이 본격적으로 해외 팽창을 이룬 시기예요. 또한 약 1760년에서 1820년까지에 해당하는 영국의 산업혁명 시대를 지나 그 영향력이 본격적으로 드러난 시대이기도 해요. 노동자와 여성의 권리에 대한 문제가 제기되고, 출판 기술이 발달하여 대중이 다양한 출판물을 읽을 기회가 생겨났어요. 정기간행물이 유행해서 소설가들이 잡지에 소설을 연재하여 큰 인기를 누리기도 했고요.

이 시대에 시보다 소설이 더욱 인기를 얻기 시작했어요. 당시 사람들이 왜 소설을 좋아했을까요? 이야기에 대한 관심은 인간의 보편적인 욕망 중의 하나예요. 어린 시절 잠자리에서 "이야기 해주세요!"하고 떼쓰던 기억 나시나요? 영국에서는 연극이 주로 이야기 공급자의 역할을 하다가 검열이 강화되자 소설에 그 자리를 넘겨주게 되었어요. 소설은 형식적 제약을 벗어나 실제 인간의 삶을 흥미진진하게 기술할 수 있으니까요.

현대인들도 이야기에 대한 관심은 여전하고, 요즘은 문학 외에도 이야기를 즐길 수 있는 매체가 많아졌어요. 현대에는 드라마나 영화, 웹툰, 웹드라마, 인터넷 영상 등이 인기가 많지요. 한 가지 짚고 넘어갈 점은, 상상력은 시각적 매체보다는 독서를 통해 더욱 발달한다는 점이에요. 원작을 책으로 읽고 난 후 영화로 보면 뭔가 좀 시시하고 부족한 느낌이 드는 것도 이와 관련되어 있어요. 원작에 비해 내용이 압축되거나 삭제되어서이기도 하지만, 독서 활동을 하며 만들어 낸 무한한 상상의 세계에 비해 이미지로 재현해 낸 영상은 제한적이거든요. 유명한 영화감독인 스티븐 스필버그 역시 독서를 통해 창의력과 상상력을 기르고 이를 바탕으로 영화를 만들었다고 말했답니다.

현대: 문학의 형식이 파괴되고 장르적 실험이 이루어지다

모더니즘 시대의 영문학

현대 영문학에서는 다양한 형식적 실험이 이루어지고 있어요. 특히 다른 장르에 비해 전통이 깊고 비교적 뚜렷한 형식적 특징을 지닌 시에서 이런 경향이 더욱 두드러지게 나타나지요. 시 형식의 혁신은 낭만주의 시대와 빅토리아 시대를 지나 모더니즘 시대에 더욱 활발하게 이루어졌어요. T. S. 엘리엇과 에즈라 파운드(Ezra Pound, 1885~1972)가 대표적인 모더니스트 시인인데요, 이들의 시에는 이미지와 지성이 강조되었어요. 그래서 이들의 시를 시각적이고 주지적(主知的, 감정이나 의지보다 이성, 지성, 합리성을 중시한다는 의미)이라고 평가한답니다.

엘리엇의 대표작인 『황무지』는 내용이 난해할 뿐만 아니라 형식적으로도 독특하답니다. '사자의 매장(The Burial of the Dead)', '체스 게임(A

Game of Chess)', '불의 설교(The Fire Sermon)', '익사(Death by Water)', '천둥이 말한 것(What the Thunder Said)'까지 총 5부 434행으로 구성되는데, 고전은 물론 여러 문화와 언어를 넘나들며 전개되지요. 다양한 재료의 조각을 붙여 구성한 콜라주에 비유되는 시입니다.

『황무지』에는 읽어도 무슨 말인지 모를 구절이나 영어가 아닌 다른 언어가 나오는 대목도 있어요. 한 예로, "내가 네게 한 줌 먼지 안에 공포를 보여 주마(I will show you fear in a handful of dust)."라고 한 후 갑자기 독일어가 나오는 것을 들 수 있어요. "Frisch weht der Wind / Der Heimat zu / Mein Irisch Kind, / Wo weilest du?"라는 구절인데, 이는 독일의 작곡가인 바그너의 오페라 『트리스탄과 이졸데』에 나오는 대사예요.

번역하자면 "바람은 상쾌하게 / 고향으로 부는데 / 아일랜드의 님이여, / 어디서 지체하나요?"라는 뜻입니다. 전설과 로맨스에 바탕을 둔 이 오페라는 사랑에서 구원의 가능성을 찾고 있어요. 이루어질 수 없는 사랑이고, 가늠 수 없는 열정이며, 눈먼 불륜이지만, 죽음마저 불사하는 사랑의 강력한 힘을 칭송하는 것이지요.

엘리엇이 바그너의 오페라를 인용한 것은 『황무지』의 제사(題詞, epigraph, 책의 첫머리에 그 책과 관련된 노래나 시를 적은 글)와도 관련이 있어요. 엘리엇은 이 제사를 라틴어와 그리스어로 기록했어요. "Nam Sibyllam quidem Cumis ego ipse oculis meis vidi in ampulla pendere, et cum illi pueri dicerent: Σίβνλλα τί Θέλεις; respondebat illa: άπο Θανεῖν Θέλω."라는 구절인데, 콜론(:) 앞부분은 라틴어이고, 그

뒷부분은 그리스어입니다.

뜻은 다음과 같아요. "난 내 눈으로 쿠마에서 시빌이 유리병 속에 달려 있는 것을 보았지. 그리고 소년들이 '시빌, 넌 무엇을 원하니?' 물었을 때 그녀가 대답했어. '나는 죽기를 원해.'"랍니다. 소년과 시빌이 대화하는 부분이 그리스어로 쓰여 있어요. 시빌은 무녀(巫女, 접신하거나 점치는 여자)인데, 아폴론의 사랑을 거부한 대가로 젊음 없는 장수라는 형벌을 받아요.

"한 줌 먼지 안의 공포"는 바로 이 시빌의 전설을 인유한 것이랍니다. 로마의 시인 오비디우스의 『변신이야기』에 따르면 시빌은 아폴론에게 모래 한 줌을 쥐어 보이며 알갱이 수만큼 긴 세월을 살게 해달라고 했어요. 그녀의 바람은 이루어졌으나 영원한 젊음을 함께 구하지 않은데다 아폴론의 미움을 산 결과 점점 쪼그라들어 결국 병 안에 든 신세가 됩니다. 아름다움을 잃고 노쇠하여 죽음을 갈망하는 시빌이 『황무지』의 황폐함을 드러낸다면, 죽어서라도 하나가 되려는 트리스탄과 이졸데의 사랑은 소생의 희망을 보여 줍니다.

『황무지』에서 한 행 한 행 해석하고 전체적인 흐름도 파악하다 보면 시 읽기가 무척 어렵게 느껴지긴 해요. 그러나 적극적인 자세로 독서하며 의미를 찾아가다 보면 배움과 발견의 기쁨도 함께 느낄 수 있을 거예요.

영시에 새로운 형식을 도입하다

모더니즘 시인들 중에는 엘리엇과 다른 방식으로 새로운 시도를 한 인물도 많아요. 그중 에즈라 파운드는 일본의 하이쿠라는 시의 형식을 도입해서 시를 쓰기도 했어요. 하이쿠는 17~18음절로 구성된 일본의 정형시랍니다. 일본어는 한자와 일본 고유의 글자인 가나가 섞여 기록됩니다. 여기서 17~18음절이라고 하는 것은 글자의 개수가 아니라 발음되는 음절의 수를 뜻하지요. 의미 단위를 이루는 5-7-5음절 혹은 6-7-5음절 패턴으로 시 한편이 구성됩니다. 마쓰오 바쇼(1644~1694)라는 시인이 하이쿠를 문학의 한 장르로 완성했다고 해요. 하이쿠에는 계절을 나타내는 계어(系語)가 있고, '~구나, ~노라, ~도다'와 감탄조를 사용해 여운을 남기는 특징이 있어요.

예로 두 편의 하이쿠를 살펴볼게요.

너무 울어 / 텅 비어 버렸는가, / 이 매미 허물은 (마쓰오 바쇼)

이 숯도 한 때는 / 흰 눈이 얹힌 / 나뭇가지였겠지 (간노 다다토모)

파운드는 중국 문학과 한시에도 관심이 많아서, 중국의 사서삼경 중『시경』을 영어로 번역하여『공자가 정의한 고전 선집(The Classic Anthology defined by Confucius)』(1954)을 내기도 했어요. 상형문자가 많은 한자는 사물과 언어의 일치성이 두드러진다며 이미지와 시각성을 강조했고요. 파운드는 한시 번역시집으로 『중국(Cathay)』(1915)을 냈고, 『시편(The Cantos)』(1925)에는 자신이 번역한 시를 넣기도 했어요. 동양의 문학과 문화를 영문학에 도입했지요.

하이쿠의 형식을 도입한 파운드의 대표적인 시 하나를 살펴볼게요. 애초에는 30행의 시였다고 하는데, 이것을 단 두 줄로 줄였답니다. 「지하철역에서(In a Station of the Metro)」(1913)라는 시인데, 현대 시 중에는 매우 유명한 작품입니다.

The apparition of these faces in the crowd;
Petals on a wet, black bough.

군중 속에 있는 이들 얼굴의 환영은
젖은, 검은 가지 위의 꽃잎들.

이 시의 배경은 파리의 지하철역이라고 해요. 화자는 무수히 지나가는 사람들의 얼굴을 보며 명상을 하지요. 그리고 그 얼굴들을 젖은 가지 위에 떨어진 꽃잎에 비유합니다. 이는 선명한 시각적 효과를 불러와요. 꽃잎과 젖은 검은 가지가 대조를 이루거든요. 지하철역이라는 도시의 이미지와 꽃과 나무라는 자연 역시 대조됩니다. 환영 같이 느껴지는 군중의 얼굴이 검은 가지 위의 꽃잎에 비유되는 것은, 아름답지만 생기 없고 지친 인간의 일면을 보여 주는 게 아닐까 싶어요. 일시적이고 유한하며 덧없는 인간사에 대한 통찰로도 읽을 수 있겠지요. 일순간 갑작스러운 깨달음을 얻는 하이쿠의 특징이 파운드의 이 시에도 나타난다고 볼 수 있어요.

이런 새로운 형식의 시도는 단지 형식 자체에 변화를 가져오기 위한 것만은 아니에요. 새로운 형식은 새로운 내용을 담기 위한 것이고, 시대정신에 맞게 장르를 재창조하기 위한 노력이라고 할 수 있거든요. 다양한 언어와 문화뿐만 아니라 외국 문학의 형식을 들여오는 것도 변화무쌍하면서도 불안정한 현대 문명의 특징을 표현하기 위한 시도라고 볼 수 있어요.

낭만주의의 대표 시인은 누구일까요?

영시라고 하면 흔히 낭만주의 시를 떠올릴 만큼 낭만주의 시는 널리 사랑받고 있어요. 그중에서도 대표적인 작가로는 윌리엄 블레이크, 워즈워스, S. T. 콜리지, 조지 바이런, 퍼시 셸리, 존 키츠를 꼽을 수 있어요. 이들 시인의 성향과 작품의 특징을 간단하게 살펴보도록 할게요.

윌리엄 블레이크

블레이크는 시인이자 화가로서, 『순수와 경험의 노래(The Songs of Innocence and Experience)』(1789)라는 시집을 출간했을 뿐만 아니라 미술사에 중요하게 기록되는 판화와 그림을 남겼어요. 블레이크는 급진적(radical, 이상의 실현을 위해 현실의 정치 체제나 사회 제도를 고려하지 않

· 윌리엄 블레이크 ·

고 급하게 변혁시키려는 태도)이었지만 특정 정파에 속하기보다는 계급적 압제에 저항하는 입장이었어요. 종교적으로는 이교적이고 신비주의적 성향을 보였지요. 블레이크는 독특하게도 지옥을 형벌을 받는 곳으로 보기보다 억압되지 않은 에너지의 근원으로 보았어요. 매혹과 경멸, 이성과 에너지, 사랑과 증오 같은 대립을 통해서만 진보가 이루어진다며, 악, 악마, 지옥을 필연적일 뿐 아니라 필수적인 것으로 제시했고요.

『천국과 지옥의 결혼(Marriage of Heaven and Hell)』이라는 책은 블레이크의 사상이 산문, 시, 에칭화(동판에 부식방지제를 바르고, 바늘로 그림이나 글을 새겨 질산으로 부식시키는 인쇄술)를 통해 드러난 작품집입니다. 인간의 신성과 완전성을 강조하는 블레이크의 개인적이고 낭만주의적인 신화가 표현된 저작이지요.

윌리엄 워즈워스

워즈워스의 시 중에는 「무지개(My Heart Leaps Up)」(1807)가 잘 알려져 있어요. 무지개를 보면 늘 가슴이 뛴다고 고백하는 화자는 언제나 이런 마음을 유지하길 바라며, "어린이는 어른의 아버지(The Child is father of the Man)"라고 말하지요.

젊은 시절 그는 프랑스혁명에 매

• 1843년 영국의 계관시인이 된 워즈워스 •

료된 급진적 시인이었어요. 그러나 프랑스혁명이 폭력적으로 변질되고 평등을 주장하던 나폴레옹이 황제로 즉위하여 제국을 확장하는 전쟁을 이끌자 혁명에 환멸을 느끼게 되었지요.

워즈워스는 영국 교회를 위해서라면 기꺼이 피 흘리겠다고 말할 만큼 종교적, 정치적 면에서 보수적인 입장을 취했고, 1843년에 계관시인(桂冠詩人, Poet Laureate, 영국 왕실에서 뛰어난 시인에게 내리는 명예 칭호)의 자리에 올랐어요. 계관시인이 되면 왕실의 경조사(慶弔事, 경사스럽거나 슬픈 일)가 있을 때 의무적으로 공적인 시를 써야 하는데, 워즈워스 자신은 나이가 너무 많다는 이유로 이 영예를 거절했어요. 당시 수상인 로버트 필이 워즈워스에게 아무것도 요구하지 않을 것을 보장하자 비로소 계관시인의 자리를 받아들였지요. 그 결과 워즈워스는 공적인 시를 한 편도 쓰지 않은 유일한 계관시인이 되었답니다.

S. T. 콜리지

콜리지의 주요 작품으로는 「노수부의 노래(The Rime of the Ancient Mariner)」(1798)를 꼽을 수 있어요. 앨버트로스(Albatross, 신천옹)를 죽였다가 저주를 받고 방황하던 선원이 겨우 살아남아 자신의 경험을 들려주는 형식이지요.

콜리지는 정치적으로 급진주의자였어요. 한때는 유토피아 같은 평등한 공동체를 만들 계획도 하였지요. 그러나 콜리지의 결혼생활은 행복하지 못했고, 이상적 공동체의 꿈도 사라졌어요.

콜리지는 특히 대화시로 유명해요. 이야기를 나누듯 시를 쓰는 것이지요. 대표적인 예가 「한밤의 서리(Frost at Midnight)」입니다. 요람에서 잠든 아기를 향한 아버지의 바람과 당부가 표현되어 있는데, 아들 하틀리가 시골에서 자연의 아들로 자라길 소망하는 마음이지요.

콜리지는 비평가로도 높이 평가받았어요. 『문학 전기(Biographia Literaria)』는 그의 문학관과 철학 이론을 담고 있는 비평서로, 형이상학파 시인의 가치를 발견한 T. S. 엘리엇의 호평을 받았습니다.

조지 바이런

바이런은 『차일드 해럴드의 순례(Childe Harold's Pilgrimage)』(1812)라는 시로 유명세를 탔어요. "어느 아침에 깨어나 보니 유명해져 있었다(I awoke one morning and found myself famous)."는 말도 이 시로 성공한 바이런이 남긴 말이지요.

바이런은 여인의 아름다움, 사랑과 이별, 절망과 불안을 다룬 서정시도 많이 썼어요. 「그녀는 아름답게 걷네(She Walks in Beauty)」는 손꼽히는 대표작으로, 이 시에서 바이런은 순수하면서도 매력적이며 완벽하게 조화로운 여인의 아름다움을 묘사하고 있습니다.

• 리처드 웨스털이 그린 조지 바이런 •

바이런 하면 '바이런적 영웅(Byronic hero)'이라는 말을 떠올리기도 해요. 바이런 자신과 차일드 해럴드처럼 바이런의 시에 나오는 인물들이 합쳐진 유형입니다. 감성이 풍부하고 자부심이 강하며, 자기 파괴적이고 저항적인데다 외롭고 우울한 유형이지요. 그의 시 『돈 주앙(Don Juan)』의 주인공도 마찬가지예요. 원래 돈 주앙은 바람둥이로 알려져 있는데, 여기서는 여성에게 쉽게 유혹받는 인물로 그려진답니다. 바이런적 영웅은 이후 소설이나 대중문화에서도 종종 등장하게 되었어요. 악한 같으나 미워하기 힘든, 거칠고 외로우며 절망과 인간미가 공존하는 인물들 말이에요.

퍼시 셸리

셸리는 "겨울이 오면 봄이 멀랴(If winter comes, can spring be far behind)."라는 시구로 유명해요. 저항 운동가들이 종종 인용하는 구절인데, 이 구절은 「서풍부(Ode to the West Wind)」(1820)에서 나온 말이에요. 참고로 여기서 '부(賦)'라는 것은 'ode'를 번역한 말이에요. '송시'라고도 부르는 이 장르는 인물이나 사물을 읊은 고상한 서정시를 의미합니다. 우리나라에서 서풍이 하늬바람이고 가을바람인 것처럼, 영시에서도 서풍은 가을바람이랍니다. 서풍은 시든 낙엽을 몰고 가 차가운 곳에 눕히는 거세고 사나운 바람으로 묘사되어요. 하지만 그것이 끝은 아니에요. "새벽이 오기 전이 가장 어둡다."는 말처럼, 서풍의 파괴는 소생을 위한 것이니까요. 그래서 셸리는 서풍을 "파괴자(destroyer)"이자 "보존자(preserver)"라고 불러요.

존 키츠

키츠는 셸리와 동시대를 산 시인이에요. 셸리는 1821년 키츠가 사망했을 때 그의 죽음을 애도하는 비가(elegy)를 썼어요. 1822년 셸리가 죽었을 때, 익사한 그의 시신 옷 주머니에서 키츠의 시집이 나왔다는 것은 유명한 일화이지요.

키츠는 나이팅게일이라는 새나 그리스 항아리에 관한 송시를 쓰기도 했어요. 키츠가 한 유명한 말이 있어요. "아름다움이 진리고, 진리가 아름다움이다(Beauty is truth, truth beauty)."는 말로, 「그리스 항아리에 부치는 송시(Ode on a Grecian Urn)」(1820)에 나오는 구절이에요. 이 시에는 "들려오는 멜로디는 달콤하지만 들리지 않는 것은 더 달콤하다(Heard melodies are sweet, but those unheard / Are sweeter)."라는 꽤 익숙한 구절도 나온답니다. 이 시에서 시인은 그리스 항아리에 조각된 장면을 바라보며, 순간을 포착하여 영원한 예술세계로 구현한 것을 부러운 시선으로 노래하고 있어요. 유한한 인간과 영원하고 참되며 아름다운 예술 세계를 대조시키는 것이지요.

· 존 키츠 ·

키츠는 영원한 예술적 미의 비전을 추구하기 위해서 지적 혼란이나 불확실성도 감수해야 한다고 보았어요. 그리고 그렇게 할 수 있는 능력을 "소극적/부정의 능력(negative capability)"이라고 불렀어요. 사실이나 이성을 강조하기보다는 모호함, 신비로움, 의심 등을 수용할 수 있어야 예술적 비전을 얻을 수 있다고 보았지요.

낭만주의 시인은 시를 어떻게 바라보았을까

낭만주의 시인이라 해도 시론은 각각 달랐어요. 가장 대표적인 시인인 워즈워스는 시를 "강력한 느낌의 자발적인 넘쳐흐름(spontaneous overflow of powerful feelings)"이라고 보았어요. 그리고 그 원천은 "고요함 속에서 회상된 감정(emotion recollected in tranquility)"이라고 했고요. 그러니까 솟구쳐 오른 감정을 즉시 기록하는 것이 아니라, 차분한 상태에서 회상된 느낌이 강력하게 넘쳐날 때 시를 쓰는 것이지요.

「수선화」라고 알려져 있는 그의 시 「나는 구름처럼 방랑했네(I Wandered Lonely as a Cloud)」(1807)는 이를 잘 표현해요. 화자가 떠돌던 중 문득 수선화 무리를 보고 즐거워했는데, 그것이 "공허하거나 구슬플 때(In vacant or in pensive mood)" 다시 떠올라 마음이 기뻐 춤추게 됐다고 하거든요. 자연을 거닐며 즉각적으로 시를 쓴 것이 아니라, 멍하거나 우울한 순간 예전에 누렸던 즐거움이 갑자기 떠올라 그 느낌을 시에 담아낸 것이지요.

블레이크, 워즈워스, 콜리지와는 달리, 바이런, 셸리, 키츠는 다 요절했어요. 면요(免夭), 즉 요절을 면했다는 것은 쉰 살을 겨우 넘기고 죽었음을 의미하는데, 바이런은 36세, 셸리는 30세, 키츠는 26세에 죽었으니 모두 요절에 해당하지요. 사랑과 이상, 아름다움과 진리를 추구하는 열망은 간절했지만, 이는 현실에서 이루기 어려웠어요.

　낭만주의 시인들은 인간의 한계와 세상의 희로애락을 노래하고, 영원하고 참된 세계를 시라는 언어 예술을 통해 이루어 내려 했어요. 이 목표는 도달하기 어렵지만, 포기하기엔 너무 매력적인 이상이었어요. 갈망하며 탐색하고, 좌절한 뒤 다시 도전하는 그들의 시가 많은 이들에게 사랑을 받는 것도 이 때문이 아닐까 싶어요.

영문학을 통해 생각하고 성장해요

문학작품은 우리에게 많은 깨달음을 줍니다. 그중에서도 인간을 이해하고 세상을 알아가며, 인생의 중요한 선택을 내릴 때 참고할 수 있는 지침을 갖게 된다는 점은 특히나 유용해요. 다른 사람의 인생을 간접적으로 경험하면서 사람이 처할 수 있는 여러 상황을 알게 되고, 그때 어떤 판단과 결정을 하느냐에 따라 엄청난 결과의 차이가 생긴다는 것도 깨닫게 되지요. 직접 몸으로 부딪쳐 경험하는 것도 좋지만, 그건 일이 잘못될 때 심각한 대가를 치러야 해요. 그러나 문학작품을 통해 간접경험을 하면 비교적 안전한 범위 안에서도 더 지혜롭고 성숙해질 수 있답니다. 영문학의 주요 작품을 살펴보면서 여러분의 생각을 키우고 성장할 수 있으면 좋겠어요.

우정: 『맥베스』, 『위대한 개츠비』

왕이 되기 위해 신의를 저버린 맥베스

셰익스피어의 4대 비극으로 꼽히는 작품은 『햄릿』, 『오셀로』, 『맥베스』, 『리어 왕』입니다. 그 중 『맥베스』는 마녀의 예언을 듣고 우정과 충성을 져버린 인물 맥베스를 주인공으로 하고 있어요.

작품으로 들어가기 전에 한번 질문해 볼게요. 혹시 여러분이 이런 예언을 듣는다면 어떻게 하겠어요? "너는 서울대에 수석 합격할 것이다."하는 예언 말이에요. 옆에 나보다 공부를 더 잘하는 친구가 있는데도 말이죠. 그런 친구가 하나도 아닌 여럿이고, 멀지도 않은 가까운 데 있다면요? 자신감이 생기면서 열심히 그 목표를 위해 달려가고 싶나요? 아니면 '어차피 이루어질 일인데' 하며 대충 살고 싶나요? 그것도 아니면 나보다 공부 잘하는 친구들이 어떻게 무너질까 하고 기다리며 지켜볼 건가요?

셰익스피어의 비극 『멕베스』에서
친구인 맥베스와 뱅쿠오는 마녀의 예언을 듣고
비극에 휩싸입니다.

맥베스의 경우는 왕이 될 것이라는 예언을 들었어요. 자기는 왕의 아들이 아닌데 말이에요. 그가 이 예언을 들은 건 전쟁에서 큰 승리를 거두고 돌아오는 길이었어요. 전쟁을 치른 그는 "이토록 추하고도 아름다운 날을 본 적이 없었다(So foul and fair a day I have not seen)."라고 말해요. 그리고 맥베스는 세 마녀를 만납니다. 마녀들은 "아름다운 것은 추하고, 추한 것은 아름답다(fair is foul, foul is fair)."라고 이야기하지요. 이들은 여자처럼 생겼지만 수염이 있어요. 남녀가 뒤섞인 외양을 가진 마녀들이, 아름다움과 추함을 동일시하며 모호한 예언을 하는 거예요.

마녀들은 맥베스가 코더의 영주가 되고 그 후 왕이 될 것이라고 말합니다. 이 예언에 뱅쿠오도 덩달아 자신에 대한 예언을 해달라고 명령해요. 그는 "마녀의 호의를 간청하지도, 저주를 두려워하지도 않는다."고 하지만 미래에 대한 호기심을 버리지는 못하지요. 그리고 마녀로부터 자신은 왕이 되지 못하지만 왕들을 낳을 사람이란 예언을 듣습니다. 맥베스는 마녀의 예언에 대해 더 자세히 묻지만 그들은 대답 없이 사라지고 맙니다.

다음 순간 로스라는 인물이 등장해 맥베스가 코더의 영주가 되었다는 소식을 전해옵니다. 코더의 영주가 노르웨이와 내통하여 스코틀랜드를 전복시키려고 했다는 사실이 밝혀져 사형에 처해졌거든요. 첫 번째 예언이 성취된 것이지요. 이후 맥베스는 마녀들의 예언에 대해 진지하게 생각하게 됩니다. 마치 점을 보러 갔다가 한 가지 사실이 맞아떨어지면 점점더 점괘에 집착하는 것처럼 말이에요. 맥베스의 아내 역시 마녀의 예언을 믿어요. 레이디 맥베스는 한 술 더 떠서 왕을 죽여 얼른 예언을 성취하라고 재촉하지요. 결국 비밀스럽고 치명적인 야심에 자극받고 아내에게 설득된 맥베스는 국왕을 시해하고 말아요.

뱅쿠오는 맥베스가 예언에 자극을 받아 왕이 되기 위해 살인까지 저질렀다는 것을 눈치 챕니다. 맥베스가 왕좌를 차지하기 위해 몹쓸 짓을 했으리라고 의심하는 것이지요. 그리고 맥베스에게 예언이 이루어진 것처럼, 자신의 아들도 왕이 되리라고 기대합니다. 한때 전우였던 두 사람이 이제는 왕위를 놓고 서로 시기하고 의심하

• 레이디 맥베스 •

는 경쟁자가 되고 만 것이죠. 맥베스는 뱅쿠오의 아들이 왕이 될 것이라는 불편한 예언 때문에 자객을 보냅니다. 그 결과 뱅쿠오는 죽고 그의 아들 플리언스는 도망쳐 살아남아요.

사전에서 마녀라는 말을 찾아보면 '마술을 부려 사람에게 불행이나 해를 끼친다는 여자'로 나와요. 마녀는 마술과 불행이 따라다니는 존재이지요. 그러니 그들이 말하는 예언 역시 속임수와 불길함을 떼어놓고 생각하기 어려워요. 맥베스는 야심에 눈먼 나머지 마녀의 말을 믿고, 예언을 실

현하기 위해 왕과 친구마저 죽여요. 뱅쿠오 역시 친구가 왕이 될 거라는 예언을 듣자 자신의 미래도 알려 하고요.

그 후 어떻게 되었을까요? 맥베스의 부인은 불면증과 광기에 시달리다 자살하고, 맥베스는 죄책감과 불안을 겪다가 죽임을 당해요. 셰익스피어의 성격비극에서 치명적인 결과를 낳는 '비극적 결함(tragic flaw, 그리스어로 하마르티아(hamartia)라고도 해요)'이 맥베스에게는 야심으로 나타나고 있어요. 야심 때문에 지혜롭고 자비로운 노왕을 죽이고, 친구 뱅쿠오와 그 아들을 죽일 자객도 보내니까요. 물론 이 작품에서는 야심 외에도 과도한 호기심이나 시기심, 자기중심적인 상황 해석 등 또 다른 성격상의 문제도 나타나지요. 충성과 우정은 생각보다 지키기 어려워요. 나의 야심을 잠재우고 남의 성공을 격려할 뿐만 아니라 도와주기까지 하는 겸손한 마음이 있어야 하거든요. 경쟁에 익숙한 우리에게 이것이 얼마나 잘 실천될 수 있을지 모르겠네요.

한 가지 기억할 점은 야심은 남뿐만 아니라 나도 힘들게 한다는 거예요. 야심이 가득 찬 사람은 무엇에도 만족하기 어렵고, 원하는 것을 쟁취하기 위해 수단과 방법을 가리지 않다가 곤란한 상황에 처하기 마련이니까요. 경쟁심과 야심을 내려놓고 겸손한 마음으로 우정을 가꾼다면, 비록 성공이 멀어 보일지라도 오래 행복한 삶은 살 수 있을 거예요.

개츠비를 이해하고 공감하는 닉

스콧 피츠제럴드(F. Scott Fitzgerald, 1896~1940)의 『위대한 개츠비』(1925)도 야심과 우정을 중심으로 이해할 수 있는 작품이에요. 개츠비의 이야기를 들려주는 화자 닉은 개츠비의 잘못에도 불구하고 끝까지 친구를 비판하지 않고 이해하는 태도를 보여요. 한마디로 우정을 지킨 것이지요.

출간 당시 이 작품은 그다지 많이 팔리지 않았어요. 1940년 임종할 때 피츠제럴드는 자신이 실패했고 이 작품도 잊힐 것이라 생각했대요. 『위대한 개츠비』가 다시 관심을 끈 것은 제2차 세계대전 무렵부터였다고 합니다. 오늘날 이 작품은 위대한 미국 소설이자 고전으로 평가되고 있어요.

이 작품이 인기를 얻은 이유는 무엇일까요? 이를 알기 위해서는 먼저 작품의 배경을 살펴볼 필요가 있어요. 이 소설은 1922년 롱 아일랜드(Long Island)를 배경으로 하는데, 이 시기는 재즈 시대라고 불리는 때에

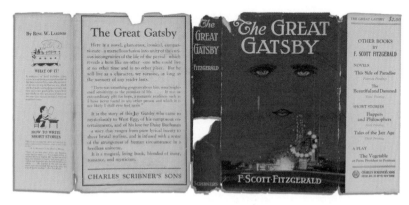

• 『위대한 개츠비』 초판본 책 표지 •

요. 재즈 음악이 유행했고 경제적으로 번영했으며 음악, 영화, 라디오 등이 발달한 풍요로운 시대였지요. 윤택한 생활환경과 더불어 대중문화가 융성하면서 도덕적으로 타락해 밀수, 밀주, 밀매 등 범죄가 성행했어요. 1929년부터 시작될 대공황을 예고하는 풍토였다고 할 수 있지요.

닉은 예일대학교를 졸업하고 제1차 세계대전에 참전한 인물이에요. 증권가에서 일하기 위해 뉴욕으로 와서 웨스트 에그에 집을 구해 개츠비와 친구가 됩니다. 개츠비는 성공을 위해 수단과 방법을 가리지 않는 인물이에요. 야심가이죠. 그는 주류 밀매 등 불법적인 사업으로 부를 축적해요. 돈을 벌어 성공을 해야 첫사랑 데이지를 되찾을 수 있으리란 기대 때문이었지요.

개츠비는 돈을 벌자 데이지의 집과 만(灣, 육지로 쑥 들어온 바다의 부분, '물굽이'라고도 함)을 사이에 두고 마주보는 위치에 대저택을 지어요. 그리고 어처구니없이 호화로운 파티를 계속 열고, 결국 데이지를 만나지요. 데이지와 개츠비가 가까워지려 하자, 데이지의 남편 톰은 개츠비가 주류 밀매로 치부(致富, 재물을 모아 부자가 됨)한 사실을 아내에게 알려요. 전통적인 부와 계급을 누리던 데이지의 마음은 개츠비에게서 멀어지게 되지요.

개츠비는 첫사랑의 마음을 되찾지 못할 뿐 아니라, 억울한 죽음까지 맞습니다. 그런데 데이지는 남편 톰과 여행을 떠나느라 개츠비의 장례식에도 불참하지요. 닉은 우정을 지켜 개츠비의 장례식에 참석해요. 그리고 안타까운 마음을 가지되 끝까지 그를 비판하지는 않아요.

닉이 개츠비에 대한 우정을 지키고 그를 이해할 수 있었던 이유는 아버지에게서 받은 교훈을 늘 되새긴 덕분이라고 할 수 있어요. 우리도 그 교훈을 한번 살펴보지요.

내가 더 어리고 약점 많던 시절에 아버지가 내게 조언을 해주었는데, 나는 이후 내내 그것을 마음속으로 곰곰이 생각해 왔다. 아버지는 "누구든 비판하고 싶은 생각이 들면, 이 세상의 모든 사람들이 네가 가진 만큼 혜택을 누리지 못했다는 것만 명심하라."고 내게 말했다.

In my younger and more vulnerable years my father gave me some advice that I've been turning over in my mind ever since. "Whenever you feel like criticising any one," he told me, "just remember that all the people in this world haven't had the advantages that you've had."

닉의 아버지가 들려준 말의 의미는 뭘까요? 사람의 잘못은 그의 부족함 탓이기도 하지만, 제대로 배우고 생각하며 혜택을 누릴 기회가 없었기 때문이기도 하다는 뜻이에요. 물론 환경을 핑계로 잘못을 하거나 범죄를 저지르고도 이를 정당화하라는 이야기는 아니에요. 다만 상대가 잘못을 했을 때 그 사람을 비판하기보다는, 그렇게 할 수밖에 없었던 딱한 처지를 이해하고 비판 대신 공감하라는 의미이지요. 스스로가 옳고 우월하다는 생각을 하기 전에 자신에게 기회와 혜택이 많았음에 감사하라는 뜻이기도 하고요.

아버지의 이런 가르침을 받은 닉은 비판보다는 이해를, 비난보다는 사랑을 할 수 있었어요. 그래서 끝까지 개츠비의 친구로 남아 장례식에 참석할 수 있었고요. 닉은 개츠비의 야심을 본받거나 데이지나 톰의 삶을 추종하지 않았어요. 그저 차분한 관찰자로 그들의 삶을 지켜보고 양심에 따라 겸손과 우정을 선택했지요.

어떠세요? 친구의 부족한 점이나 잘못된 점을 보면, 바른말 한답시고 실컷 지적하고 떠벌이며 욕하고 싶나요? 아니면 모른 척하다가 슬쩍 따라 해 보기도 하나요? 우정을 지키기 위해서는 배려와 분별이 둘 다 필요해요. 허물은 덮어 주되 잘못은 바로 잡아야 하지요. 조언을 하면서도 한결같이 이해하고 감싸 주는 것, 이것이 우리가 친구에게도 원하는 태도가 아닐까 싶습니다.

사랑과 결혼 이야기:
『여인의 초상』, 『로미오와 줄리엣』,
「그는 천국의 천을 바란다」

기만당한 사랑과 선택에 대한 책임

사랑이라고 하면 무엇이 떠오르나요? 대중음악에서는 즉각적이고 강렬한 감정, 망설임 없는 고백, 거침없는 행동과 급변하는 감정을 사랑의 속성처럼 표현하고 있어요. 한국의 시에서는 사랑이라 하면 연인간의 감정뿐만 아니라 어머니의 자애로운 마음이 부각되지요. 그렇다면 영문학에서는 어떨까요? 기독교적 배경이 중요한 영문학에서 사랑은 하나님이나 예수님의 사랑과 떼어 놓고 생각하기 어려워요. 용서와 희생이 중심 개념이 되어 있지요.

소설에서 사랑의 문제는 결혼과 밀접하게 연관되어 있어요. 사랑의 완성은 결혼이라는 게 일반적인 생각이니까요. 제인 오스틴도 이런 문제를 자주 다루었지요. 남성 소설가로서 여성의 심리를 뛰어나게 묘사하며 결혼 문제를 다룬 작가로는 헨리 제임스(Henry James, 1843~1916)를 꼽을 수 있어요. 『여인의 초상』(1881)이 그의 대표작이지요. 헨리 제임스는 『주홍 글씨』(1850)를 쓴 너새니얼 호손(Nathaniel Hawthorne, 1804~1864)만큼이나 인간의 심리를 뛰어나게 묘사한 작가로 평가됩니다.

『여인의 초상』을 읽어 보면 등장인물의 관계를 통해서는 이상적인 사랑을 찾기 어려워요. 상대의 마음을 읽지 못해 집착하거나, 오해를 바탕으로 환상을 갖거나, 이기적으로 착취하는 등 왜곡된 사랑이 오히려 더 많이 표현되거든요. 이런 오도된 감정과 어긋난 관계를 통해 대안적으로 참된 사랑에 대해 생각해 보게 됩니다. 무엇이 문제인지를 살펴보면서 바람직한 해법을 찾아가는 것이지요.

『여인의 초상』에서 주인공인 미국 여성 이저벨은 활기차고 모험적이며 순수한 인물이에요. 관습이나 규범에 얽매이거나 남의 시선을 의식하기보다 자유롭고 진실하며 진취적이에요. 그녀는 오즈먼드라는 남자를 남편으로 택하는데, 그는 이탈리아에 살며 세련된 취향을 가지고 있지만 가난한 데다 심지어 애 딸린 홀아비예요. 이저벨은 물려받은 유산이 있었기 때문에 자신의 재산으로 남편의 꿈을 이루어 줄 수 있다 생각했지요. 그런데 알고 보니 남편 오즈먼드는 그럴 자격이 없는 사람이었어요. 매우 이기적이고 의심 많으며 편협한 사람이었거든요.

헨리 제임스는 사랑과 결혼이라는 행복을 기대하는 여정에 이런 오해와 고통이 있음을 보여 줘요. 그리고 주인공 이저벨의 기대와 희망이 기만당하고 좌절되는 과정을 너무나 생생하게 묘사하지요. 읽다 보면 독자가 다

소설 속 사랑과 결혼에 대한 이야기는
인간성을 드러내고 사회상을 보여 줍니다.

우울할 지경이에요. 이 작품은 영화로도 제작되었는데, 마지막 장면에서 이저벨이 가정으로 돌아가는 것을 보고 많은 관객들이 황당해하고 속상해하던 것이 기억납니다.

정절을 유지하고 책임에 충실하며 의붓딸과의 약속을 지키려한 이저벨의 선택을 이해하기엔 남편이 너무 끔찍해 결혼생활이 심히 고통스러우니까요. 그러나 실제로 이런 일은 현실에서 흔히 벌어진답니다. 배우자의 인격이나 태도가 충격적일 만큼 고약한데도 이혼하지 않고 견디며 함께 살아가는 부부들이 많으니까요.

낭만적 사랑의 꿈과 현실

현실의 결혼생활 말고, 비현실적일 만큼 열정적이고 애절한 청춘의 사랑도 한번 살펴볼게요. 어긋난 운명의 연인을 뜻하는 "star-crossed lovers"라는 표현이 나오는 작품, 『로미오와 줄리엣』(1595)이에요. 이 작품은 셰익스피어 생전에 매우 인기 있는 극이었고, 『햄릿』과 더불어 가장 많이 공연된 작품이라고 해요.

『로미오와 줄리엣』에서 주인공의 나이가 몇 살인지 아시나요? 줄리엣은 13살이에요. 서양이니 만으로 계산한다 치고 우리식으로 넉넉히 환산하면 15세, 그러니까 중학교 2학년이네요. 로미오의 나이는 정확히 나오지 않지만 대략 18세 전후로 추정한답니다. 고등학교 2학년 정도이지요.

16세 동갑내기인 이몽룡과 성춘향에 비하면 줄리엣은 더 어리고 로미오는 조금 더 나이가 들었네요.

더욱 의외인 것은 로미오에게 줄리엣이 첫사랑이 아니란 사실이죠. 그는 로잘린이라는 여자를 짝사랑하고 있었고, 그 사랑의 열기로 우울한 상태였어요. 줄리엣을 만난 건 우연이었고요. 로잘린을 만나러 무도회에 갔다가 거기서 줄리엣을 보고 사랑에 빠지게 되었거든요. 청년 로미오는 금방 사랑에 빠지는 사람이지요. 우울한 기질과 강렬한 감정이 특징이고요.

비극은 로미오가 속한 몬터규가와 줄리엣이 속한 캐퓰릿가가 서로 원수라는 데서 시작해요. 불행한 결말이 예고된 것이지요. 『로미오와 줄리엣』의 프롤로그에서도 이들의 비극적 운명이 표현되고 있어요. "이 두 원수의 치명적인 후손으로 / 어긋난 운명의 연인 한 쌍이 그 생명을 받았나니 (From forth the fatal loins of these two foes, / A pair of star-cross'd lovers take their life)"라는 대목이 나와요. 어긋난 운명의 사랑이 별자리와 연관되어 표현된 것은, 점성술에서 별자리가 각 사람의 운명을 결정한다고 보았기 때문이에요.

엇갈린 운명에도 불구하고, 어쩌면 이로 인해 더욱 더 두 연인은 서로에 대한 열정을 멈추지 못해요. 로미오와 줄리엣이 10대로 설정되어 있잖아요. 사랑이라는 게 금지하면 할수록 더 강렬해지는 법인데, 그것이 10대의 폭발하는 감성과 만났으니 통제 불가능한 경지로 간 것이지요.

이 시대 사람이 실제로 조혼풍습(早婚風習, 어린 나이에 일찍 결혼하는 풍습)을 가진 건 아니었어요. 셰익스피어 당시 사람들의 평균 결혼 연령은

25세에서 30세 사이였다고 해요. 어린 나이에 성관계를 하거나 자녀를 출산하면 건강에 해로운 걸 당시도 알고 있었지요. 이 점을 고려하면 로미오와 줄리엣이 어린 연인으로 묘사되는 것에는 특별한 의미가 있다고 하겠어요.

어린 나이의 연인은 서툰 판단과 통제되지 못하는 열정으로 괴로움을 겪게 됩니다. 셰익스피어는 로미오와 줄리엣의 무모함과 그에 따른 비극을 부각시켜요. 나이 많은 부모님과의 세대차도 더욱 두드러지게 만들고요. 당시 공연 상황 역시 어린 나이의 연인과 잘 맞아 떨어졌어요. 셰익스피어 시대의 연극 무대에는 여자들이 등장하지 않아 소년이 여성의 역할을 대신했거든요. 2차 성징이 본격적으로 나타나기 전인 어린 소년일수록 여장남자에 적합했지요. 따라서 로미오와 줄리엣이 어린 연인으로 묘사된 것은 극의 전개나 공연상 적절한 선택이었다고 볼 수 있어요.

『로미오와 줄리엣』은 영화로도 여러 번 제작되었고 대중문화에 지대한 영향을 미쳤어요. 대중은 왜 그토록 이들의 사랑에 흥미를 느끼고 또 감동하는 것일까요? 『로미오와 줄리엣』의 중심은 사랑이니 이들이 보여 주는 사랑의 특징들을 중심으로 생각해 보겠습니다.

먼저 로미오와 줄리엣은 첫눈에 반하는 사랑의 환상을 보여 주고 있어요. 누구나 한 번쯤 그런 사랑을 꿈꾸지요. 그런데 이것이 현실에서는 이루어지기 쉽지 않아요. 첫눈에 반하는 건 대개 외모에 마음이 끌리는 것인데, 서로가 서로의 외모에 매력을 느낄 확률은 높지 않거든요. 설사 그렇다 해도 그 호감이 고백으로 이어지고 결실을 맺기는 어렵지요. 로미오와

로미오는 줄리엣에 대한 사랑을 억누르지 못하고
줄리엣의 발코니로 찾아갑니다.

줄리엣은 이런 낮은 확률의 사랑을 단번에 실현해 보여요.

로미오는 줄리엣을 본 후 열정을 견딜 수 없어 담을 타 넘고 그녀의 집 정원으로 숨어듭니다. 그리고 그녀의 방이 있는 발코니 아래로 가지요. 타이밍이 전부라고, 그때 마침 줄리엣은 창밖을 보며 로미오를 향한 사랑을 홀로 중얼거리고 있었어요. 로미오가 이 줄리엣의 음성을 엿듣게 되고요. 첫눈에 반한 데다 서로의 마음을 알아 버렸으니, 사랑은 더욱 불타오르게 되지요. 진도가 얼마나 빠르냐면 그 말을 들은 즉시 로미오가 나타나 둘은 결혼을 약속해요. 그리고 다음날 비밀 결혼을 하지요. 만난 날 약혼, 그다음 날 결혼이라는 비현실적인 속도감을 보여 주지요.

이들의 사랑은 어떤 역경에도 굴하지 않을 만큼 강렬해요. 결혼식 주례사에서 흔히 "죽음이 갈라놓을지라도"라는 말을 하는데, 로미오와 줄리엣은 죽음이라는 극단적인 선택을 실제의 삶에서 보여 주며 사랑을 증명하지요.

사실 로미오와 줄리엣의 사랑은 첫 만남에서부터 죽음의 고비를 겪습니다. 로미오가 원수 집안의 남자인 것을 안 줄리엣의 사촌 티발트가 무도회에서 로미오를 죽이려 하거든요. 다행히 줄리엣의 아버지가 자신의 집에서 유혈 사건이 벌어지는 것을 원치 않아 겨우 목숨을 건지기는 하지만요. 이후에도 이들의 사랑은 주변인물에게 죽음을 가져와요. 로미오의 친구 머큐시오도 죽고, 줄리엣의 사촌 티발트도 죽고, 줄리엣에게 청혼했던 패리스도 죽어요. 그리고 주인공인 연인들도 죽어요. 줄리엣이 죽은 줄 알고 로미오가 죽고, 로미오가 죽은 것을 보고 줄리엣도 죽거든요. 죽는 사람이 워낙 많아 이 작품이 셰익스피어의 4대 비극 중 하나라고 착각하는 이들도 있을 정도랍니다.

사랑을 이루지 못한 시인의 성공

다음으로 시로 표현되는 이루어지지 못한 사랑을 한 번 살펴볼게요. 「이니스프리의 호수 섬」(1890)이라는 시로 유명한 W. B. 예이츠(William Butler Yeats, 1865~1939)의 작품입니다. 그는 「애드는 천국의 천을 바란다 (Aedh Wishes for The Cloths of Heaven)」(1899)라는 시도 남겼어요. 여기서 애드는 아일랜드의 남자 이름인데, 이 시의 등장인물이자 화자랍니다. 나중에 예이츠의 전집에서는 애드가 "그(He)"로 바뀐답니다.

> Had I the heaven's embroidered cloths,
> Enwrought with golden and silver light,
> The blue and the dim and the dark cloths
> Of night and light and the half-light;
> I would spread the cloths under your feet:
> But I, being poor, have only my dreams;
> I have spread my dreams under your feet;
> Tread softly because you tread on my dreams.

내게 금빛과 은빛으로

수놓아진 천국의 천이 있다면

밤과 빛, 그리고 반쯤 빛나는

푸르고 흐릿하며 어두운 천들이 있다면

나 그 천을 당신의 발아래에 펼치리라.

그러나 나는 가난하여 꿈밖에 없고

당신 발아래 내 꿈을 펼쳤으니,

그대 사뿐히 밟으시오, 내 꿈을 밟는 것이니.

이 시는 연인을 향한 숭고하고 희생적인 사랑을 표현하고 있어요. 끝부분은 김소월의 「진달래꽃」을 연상시키기도 하지요. 예이츠는 첫사랑 모드 곤을 오랫동안 좋아한 것으로 알려져 있어요. 청혼도 몇 번이나 했지요. 아일랜드의 혁명가였던 모드 곤은 예이츠의 청혼을 거절하고, 1903년에 아일랜드 공화주의자이자 군사 지도자인 존 맥브라이드와 결혼해요. 그녀는 결혼 이듬해 아들을 낳았고, 이 아들은 1974년에 노벨평화상을 수상합니다. 그러나 모드 곤과 존 맥브라이드의 결혼 생활은 원만하지 못해 둘은 1905년부터 별거를 하게 되었어요. 사실 이혼을 하고 싶었는데, 판결이 별거로 나서 떨어져 지내며 법적으로만 부부였던 것이지요.

맥브라이드는 부활절 아일랜드 봉기에 가담한 죄로 총살을 당해요. 남편이 죽은 모드 곤에게 예이츠는 1917년에 다시 청혼하지만 또 거절당해요. 1889년에 처음 만나 1891년에 청혼을 했고 1900년대 초까지 세 번

더 청혼을 한 데다 1917년에 마지막으로 또 청혼을 했으니, 28년에 걸쳐 다섯 번가량 청혼을 한 셈이죠. 마지막 청혼을 거절당한 후 예이츠는 모드 곤의 딸인 이졸트에게까지 청혼을 했답니다.

•아일랜드의 혁명가 모드 곤•

사랑하는 여인의 딸에게 청혼했다니 좀 이상하죠? 헨리 제임스의 소설 『여인의 초상』에도 비슷한 장면이 나와요. 이저벨을 좋아하던 귀족 워버턴 경이 나중에는 그녀의 의붓딸인 팬지에게까지 청혼을 하거든요. 이런 청혼은 대개 딸에 대한 사랑이기보다는 어머니에 대한 미련에 가까워, 거절당하는 경우가 일반적이에요. 소설에서는 팬지가 워버턴의 청혼을 거절했고, 현실에서는 이졸트가 예이츠의 청혼을 거절했어요. 팬지는 다른 사람을 사랑해서였고, 이졸트는 예이츠가 자신을 사랑하는 것이 아님을 알았기 때문이지요. 또 자신이 청혼을 받아들이면 엄마인 모드 곤이 매우 언짢아할 것임도 알았어요.

어머니와 딸 모두에게 구혼했다가 거절당한 예이츠는 같은 해인 1917년에 52세의 나이로 25세인 조지 하이드 리즈라는 여자와 결혼했고 1923년에 노벨문학상을 수상했습니다. 예이츠는 죽을 때까지 마음은 모드 곤을 향하되, 하이드 리즈와는 원만한 결혼생활을 유지했어요.

모드 곤을 향한 예이츠의 사랑은 50년가량 이어졌다고 해요. 이렇게 오 랜 시간 한 사람을 사랑했기 때문에 많은 비평가들은 이들의 관계에 관심을 가졌어요. 예이츠의 사랑이 시에서 어떻게 표현되었는지를 분석하기도 했고요. 물론 사생활과 시는 별개라며 의도적으로 이들의 관계를 고려하지 않고 시를 해석하려는 경향도 있었어요.

「그는 천국의 천을 바란다」는 어떻게 읽을 수 있을까요? 자신의 꿈을 여인이 밟게 하는 것, 그것도 사뿐히 밟게 하는 건 어떤 의미일까요? 아마 여인이 있어 자신에게 하늘의 천처럼 높은 꿈이 생겼다는 의미가 아닐까요? 그러니 그녀라면 자기의 꿈을 밟아도 좋다는 이야기를 할 수 있겠죠. 잔인한 짓밟음보다는 사뿐한 걸음을 원하는 걸로 보아, 상처 입기 쉬운 화자의 마음도 읽을 수 있겠네요.

예이츠는 모드 곤과의 결혼이라는 사랑의 결실은 이루지 못했지만 그녀로 인해 많은 시를 쓰게 되었어요. 이루어지지 못한 사랑의 고통이 영감의 원천이 된 셈이죠. 이것은 모드 곤이 원한 바이기도 했어요. 그녀는 예이츠와 결혼하는 대신 정신적 유대, 즉 상징적 결혼을 원했어요. 자신은 아일랜드의 독립을 위해 계속 투쟁하고, 예이츠는 아름다운 시를 쓰기를 바랐던 거지요.

모드 곤은 예이츠가 불행으로 인해 아름다운 시를 쓴다면 오히려 좋은 일이라고 생각했어요. 예이츠를 위해서, 그의 시를 읽을 독자들을 위해서, 어쩌면 자기 자신을 위해서도 말이지요. 그녀는 자신이 예이츠와 결혼하지 않은 것을 두고 세상이 고마워할 것이라고까지 말했답니다.

예이츠의 묘비에는 그의 시 중 한 구절이 새겨져 있답니다. 「불벤 산 아래(Under Ben Bulben)」라는 시에서 따온 말인데, "삶과 죽음에 / 차가운 눈

· 예이츠의 묘비에 새겨진 시 구절 ·

길을 던져라 / 말 탄 자여, 지나가라(Cast a cold Eye / On Life, on death, / Horseman, pass by)"예요. 격정과 열의로 가득 찼던 삶을 냉정하리만큼 담담하게 바라보는 비문이라고 할 수 있어요. 삶과 죽음을 명상하되 곧바로 여정을 이어 가라는 의미로도 볼 수 있고요. 이 비문에는 성공과 명예에 연연하기보다 자신의 삶을 철학적으로 관조할 수 있었던 시인의 면모가 드러납니다.

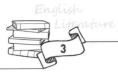

죽음에 대한 고민:
『햄릿』, 『세일즈맨의 죽음』

햄릿이 고민한 죽음은?

사랑이라는 말 만큼 강렬한 충동 혹은 힘으로 언급되는 게 있다면 아마 죽음이 아닐까 싶어요. 죽음은 노년에 일어나는 자연스러운 일이기도 하지만, 병이나 사고 등 뜻밖의 일로 맞닥뜨리는 순간이기도 해요. 스스로 강제하여 벌이는 사건이기도 하고요. 이 경우가 바로 자살이지요.

자살 충동을 한 번도 느끼지 않고 성인이 된 사람이 있을까요? 무난하게 성인이 되었다 하더라도, 죽음의 때가 이르기 전에 스스로 목숨을 끊고 싶은 생각을 단 한 번도 해보지 않은 사람이 과연 얼마나 될까요? 더워 죽고, 추워 죽고, 심심해 죽고, 짜증나 죽고, 열 받아 죽고, 배고파 죽는 세상에서, 예기치 못한 사건으로 괴로움까지 더해진다면 죽고 싶은 생각이 들지 않으리라 장담할 수 있을까요?

문학에서 인간과 세계, 또는 자연과 우주를 다룰 때 특히 주목하는 것 중 하나가 인간의 심리예요. 그것도 죽고 싶을 만큼 힘든 상황에서 인간의 내면에서 벌어지는 문제들 말이에요. 인간의 심리는 격변하는 세계, 불가항력의 위력을 발휘하는 자연이나 광활한 우주를 만날 때 더욱 복잡해지고 그 갈등 역시 첨예해지지요.

외부의 환경이나 상황이 극한으로 치닫고 관계마저 파국에 이르러 고민과 고통이 깊어지면 자살을 심각하게 고려하는 상황이 벌어지기도 해요. 그래서 나온 유명한 대사가 "사느냐 죽느냐(To be or not to be)"이지요. 이 대사는 햄릿이 말했어요. 햄릿의 독백 시작 부분이지요. 너무나 유명한 대사니 조금 소개해 볼게요.

To be, or not to be, that is the question:

Whether 'tis nobler in the mind to suffer

The slings and arrows of outrageous fortune,

Or to take arms against a sea of troubles

And by opposing end them. To die—to sleep,

No more; and by a sleep to say we end

The heart-ache and the thousand natural shocks

That flesh is heir to: 'tis a consummation

Devoutly to be wish'd. To die, to sleep;

To sleep, perchance to dream—ay, there's the rub:

For in that sleep of death what dreams may come,

When we have shuffled off this mortal coil,

Must give us pause—there's the respect

That makes calamity of so long life.

『Hamlet』, Act 3 Scene 1

사느냐, 죽느냐, 그것이 문제로다.

포학한 운명의 투석과 화살을

마음속으로 견뎌내는 것이 더 고귀한가,

아니면 무기를 들고 곤경의 바다에 맞서,

끝내는 것이 더 고귀한가. 죽는 것은, 잠드는 것,

그것뿐. 잠으로 심장의 고통과

육신으로부터 이어 받은 천 가지

천부적인 충격을 끝낼 수 있다면

그 달성은 열렬히 바라는 바다. 죽는 것은, 잠드는 것.

잠드는 것은 아마 꿈꾸는 것. 아, 그것이 곤란하다.

우리가 이 속세의 괴로움을 벗어던졌을 때,

죽음의 잠에서, 어떤 꿈이 올지 모르기에,

우리는 주저해야만 하고, 그것 때문에

이 긴 삶이라는 재앙이 만들어진다.

『햄릿』, 제3막 제1장

• 호레이쇼에게 유령의 출몰 소식을 듣고 선왕의 유령을 보는 햄릿 •

이 유명한 독백의 해석에 대해서는 학자들 사이에서 논쟁이 많았어요. "사느냐, 죽느냐"의 해석이 오역이라는 주장도 있었고요. 그러나 내용상 이 대사는 햄릿이 자살을 진지하게 고민하는 상황을 보여 준다고 할 수 있어요. 죽으면 모든 게 끝이니 끝장을 내버릴까, 아니면 잠에도 꿈이 있는 것처럼 사후 세계가 있으니 참고 견딜 것인가를 생각하는 것이지요.

햄릿은 무슨 일 때문에 삶과 죽음의 문제를 놓고 이처럼 심각하게 고민했을까요? 그에게는 가정 문제, 연애 문제, 친구 문제, 국정 문제, 외교 문제가 겹쳤어요. 이 중 하나만 겪어도 심각한 법인데, 한꺼번에 이런 일들이 닥쳤으니 오죽하겠어요. 먼저 가정 문제를 볼게요. 아버지가 갑자기 죽고 어머니는 얼마 지나지 않아 삼촌과 재혼했어요. 연애 문제에서는 믿고 사랑했던 오필리어가 변심한 것처럼 보이고요. 오필리어가 연인인 햄

왕비 거트루드는 오필리어가 사고사를 당한 것처럼 말하지만,
주변 인물들은 오필리어의 자살을 의심합니다.
자살은 셰익스피어 시대에 끔찍한 죄로 여겨졌어요.

릿보다 자신의 오빠 레어티즈나 아빠 폴로니어스의 말을 더 믿고 따르는 언행을 하거든요. 친구인 로젠크란츠와 길덴스턴은 아버지를 죽인 삼촌이자 현재의 왕인 클로디어스의 말을 듣고 햄릿의 상황을 감시하고 보고하려 들죠.

국정은 왕위가 삼촌에게 찬탈당해 어지럽고요. 나라가 부패하고 불안정하게 돌아가는 상황에서 선왕의 유령이 출몰하는 상황이에요. 그러다 보니 햄릿이 사는 덴마크가 노르웨이라는 외세의 침략에 노출되지요.

어때요? 고민이 엄청나겠죠? 이쯤 되면 그냥 확 죽어 버릴까 하는 생각이 들 법하지요. 그래서 하는 대사가 바로 이 독백이에요. 여기서는 죽고 싶은 햄릿의 마음과 죽을 수 없는 그의 상황이 동시에 나타나요. 충동적으로는 죽고 싶은데, 이성적으로는 죽을 수 없는 것이지요. 살면서 겪어야 할 고통과 어려움이 크지만 자살 이후에 내세에서 겪을 고통이 현실의 아픔보다 결코 작지 않을 테니까요.

실제로 이 작품에서는 자살하는 인물이 나와요. 바로 햄릿의 연인인 오필리어랍니다. 그녀는 아버지와 오빠에게 시달리고 햄릿의 냉정한 반응에 상심하여 강물에 빠져 죽고 말아요. 그녀를 매장하는 일꾼들의 반응을 보면 당시 문화가 자살을 얼마나 금기시했는지 알 수 있어요. 자살한 사람은 지옥에 갔다고 보고 정식으로 기독교 장례를 치르지도 않았어요. 자살(自殺)은 말 그대로 살인하지 말라는 계명을 어기고 스스로를 죽이는 죄인데다, 회개할 기회도 없이 내세로 가는 결과를 초래하니 말이에요.

햄릿은 신분상 왕자일 뿐만 아니라 뛰어난 학자이자 철학자이며 군인이었어요. 그러니 그는 순간적인 감정으로 선택하지 않고 신중하게 생각하고 판단한 뒤 행동했어요. 현실의 난관을 피하기 위해 자살을 택할 수도 없었고요. 그가 저돌적인 행동가로 부각되는 돈키호테와는 대조적으로 망설이는 사색가로 평가되는 것도 이 때문이에요. 햄릿은 작품 초반부터 결단하고 행동하며 분투하는 돈키호테와는 달리, 마지막 순간까지 최선의 선택을 위해 고민하고 가장 적절한 때를 기다립니다.

햄릿이 아버지의 원수 클로디어스를 죽일 기회가 있을 때 바로 행동하지 않은 것도 그의 신중함 때문이었어요. 클로디어스가 기도하는 장면을 보고 햄릿은 그가 회개하는 줄 알았어요. 햄릿이 꿈꾼 복수는 클로디어스가 죽는 것뿐 아니라 지옥에 가서 고통받는 것인데, 기도하는 시간은 적절한 때가 아니라 여겼기 때문에 행동을 미루었지요. 결국 그는 임무를 완수하고 용맹하게 싸우다 죽음을 맞습니다.

죽음을 생각하는 절망이란?

현대 희곡에서도 자살이 심각하게 다뤄지는 작품이 있어요. 잘 알려진 제목의 희곡인데요, 아서 밀러의 『세일즈맨의 죽음』이랍니다. 이 작품의 주인공은 죽음을 도피처이자 해결책으로 생각하고 자살을 선택해요. 주인공의 이름은 윌리 로맨(Willy Loman)인데, 로맨은 발음이 low man과 흡사해 낮은 사람, 비천한 사람이라는 암시가 있는 것으로 여겨졌어요.

• 연극 〈세인즈맨의 죽음〉의 상연 장면 •

아서 밀러는 그런 의도를 가지고 주인공의 이름을 지은 건 아니라고 말했지만요. 로맨이라는 이름은 드라마나 영화에서도 종종 인유돼요. 무능하고 대책 없는 사람을 뜻하는 의미로 말이지요.

윌리가 자살이라는 극단적인 선택을 한 이유는 뭘까요? 그건 주변 환경뿐만 아니라 성격과 기질의 문제이기도 했어요. 큰아들에 대한 기대가 지나쳤고, 아내에 대한 지배와 의존이 심했거든요. 직장에서 윌리는 실적이 점점 나빠지는 사원이었어요. 그런데도 허황된 꿈을 꾸고 가정에 충실하지 못했죠. 이웃 찰리가 다른 일자리를 제안해도 거절하고, 잦은 외근 때문에 외롭다는 이유로 외도까지 하지요.

불륜 현장을 아들에게 들켰을 때도 그는 사과보다 변명을 해요. 통찰력과 자제력이 부족한 그는 안타까운 실수도 합니다. 영업사원을 그만 두고자 회사에 내근을 요청한 것이죠. 더 편한 자리를 요구했다가 그는 오히려 해고를 당합니다. 자존심과 야망을 꺾지 못했던 그는 자신은 물론 가족도 우울하고 절망적인 상태로 내몰지요.

윌리는 스스로가 자신의 상황을 곤란하게 만드는 유형의 인물이에요. 게다가 그가 처한 환경도 어렵고 힘들지요. 실적이 없으면 급여가 삭감되고 나이가 들면 언제든 해고될 수 있는 게 영업사원의 현실이거든요. 윌리는 자기 사업을 하고 싶지만 그 꿈을 이루기는 쉽지 않아요. 자금이 없고 대출도 힘드니까요. 그런 면에서 이 작품은 미국의 꿈(American Dream)이 실제로는 얼마나 도달하기 어려운 목표인지를 보여 주기도 해요.

윌리의 자살은 큰아들의 실패가 자신의 책임임을 깨닫고, 아들에 대한 죄책감과 연민을 느꼈기 때문이라고 볼 수 있어요. 가족에게 미안해서 뭔가 보상을 하고 싶은데 마땅한 방법이 보이지 않으니 자살로 보험금을 타

미국의 꿈(American Dream)이란?

인터넷 백과사전 위키피디아에서는 미국의 꿈이란 생명, 자유, 행복추구권과 더불어 "모든 사람은 평등하게 창조되었다(all men are created equal)."고 주장하는 미국독립선언에 뿌리를 둔 사상이라고 설명합니다. 미국의 국가정신인 민주주의, 권리, 자유, 기회, 평등과 같은 이상이 번영과 성공의 기회까지 포함한다는 것이지요. 누구나 제약 없이 성실한 노력으로 사회적 신분 상승을 이룰 수 있다는 믿음이기도 하고요. 미국의 꿈은 계급이나 출생 환경과 무관하게 능력과 성과에 따라 기회를 얻을 수 있다는 신념이자 희망으로, 미국 사회의 이상을 단적으로 드러냅니다.

내려 한 것이죠. 사고를 위장하면 보험금을 받기 어렵겠죠. 윌리의 장례식에서 그의 아내는 울지 못해 미안하다고 사과한 뒤 이제 "우리들은 자유"라고 말해요. 그것이 재정적인 여유인지 심리적 해방감인지에 대해서는 해석이 분분하지요.

이런 이야기는 충격적이지만 주변에서 일어나는 일이기도 해요. 독자나 관객은 윌리의 삶을 비판적으로 바라보고 그의 선택을 안타까워하면서도 한편으로는 공감하게 되지요. 이 작품은 인간의 복잡한 심리와 암담한 사회 현실을 사실주의와 환상이 교차하는 방식으로 표현하고 있어요. 개인의 성격적 결함, 가족 내 갈등, 이웃이나 친구와의 문제도 생생하게 묘사하고 있고요.

죽음은 인간이 경험하는 가장 절대적인 순간이 아닐까 싶어요. 그 순간을 어떻게 받아들이는가는 현재 내 삶의 태도와 내세에 대한 인식에 따라 다르겠지요. 현재의 고통이 극심하고 내 능력으로는 해결할 수 없는데, 죽으면 끝이라고 생각하는 사람은 자살을 선택할 거예요. 그러나 어떤 어려운 상황이 있어도 피할 길이 있다고 믿고, 죽음 이후의 세계를 생각한다면 자살을 하기 어려워요.

주목할 만한 연구로, 자살하는 사람은 대개 우울증과 수면장애를 겪거나 극도의 감정적 동요 혹은 약물이나 술에 중독된 상태에서 결정을 한다고 해요. 햄릿이 자살을 택하지 않은 것은 충동에 따르기보다 이성을 사용해 논리적으로 생각할 수 있었기 때문이에요. 반면 윌리는 막연한 몽상을 하고 급기야 환각까지 경험하다가 감정적으로 심하게 동요된 상태에서 자살이라는 극단적 선택을 하지요. 죽음은 피할 수 없지만 그것을 어떻게 해석하고 맞이하는가는 정말 중요해요. 죽음을 이해하는 방식이 삶의 태도와 방향까지 결정할 수 있으니까요.

가치관의 힘:
『제인 에어』, 『위대한 유산』

낭만적 사랑과 도덕적 가치

모두 그런 것은 아니지만 이루어질 수 없는 사랑은 낭만적으로 여겨지는 경우가 많아요. 여러분이 생각하는 가장 낭만적인, 그러나 결코 이루어질 수 없는 사랑의 이유로는 어떤 게 있을까요? 신분 차? 요즘에도 재산과 가문, 직업으로 사람을 평가하는 경향이 있으니 엄청난 신분 차가 있는 경우를 생각해 볼 수 있겠네요. 부모님이 원수지간이라면요? 로미오와 줄리엣의 경우까지는 아니더라도 양가 부모님이 어렸을 때부터 사이가 나빴거나 서로 법정 다툼을 하는 관계라면 곤란하겠지요.

불륜? 이렇게까지 생각하는 친구들이 있을지는 모르겠지만, 유부남이나 유부녀를 사랑하는 것은 대표적인 혼사장애 요인 중 하나예요. 독일의 문호 괴테(Johann Wolfgang von Goethe, 1749~1832)의 작품인 『젊은 베르

제인은 자신의 가치관을 굳건히 지켰고
결국 귀족 가문의 안주인이 됩니다.

테르의 슬픔』(1774)에서도 유부녀인 샤를로테를 사랑하면서 베르테르의 고통이 시작되었으니까요. 르네상스 시대의 뛰어난 시인 페트라르카도 유부녀 라우라에 대한 사랑을 『칸초니에레』로 표현했고요. 단테의 베아트리체 역시 유부녀였답니다.

소설의 줄거리는 사랑과 결혼을 다루는 경우가 많아요. 그리고 사랑이 이루어지고 결혼을 하는 과정까지 주인공이 겪는 난관과 갈등을 통해 개인과 사회의 문제가 드러나게 되지요. 『제인 에어』(1847)의 경우를 한 번 살펴볼게요. 제인 에어에게는 두 명의 구혼자가 있었어요. 하나는 유부남 로체스터이고, 다른 하나는 목사이자 먼 친척인 생 존이에요.

로체스터는 버사랑 이미 결혼했기 때문에, 제인이 그와 결혼을 한다 해도 법적인 아내로 인정되지 않아요. 중혼은 금지되어 있으니 제인은 아내가 아닌 정부가 되는 거예요. 여러분이라면 어떻게 하겠어요? 무척 사랑하는 사람을 만났는데, 알고 보니 상대에게 배우자가 있다면요? 제인은 과감하게 결혼을 포기하고 로체스터를 떠난답니다. 도덕이나 법을 어겨서는 안 된다는 확고한 가치관을 지니고 있었기 때문이죠.

제인은 가난한 고아 출신이었지만, 스스로가 첩의 위치로까지 떨어져서는 안 된다는 결단을 하고 용기를 내었어요. 로체스터를 떠난 제인은 생존을 만나요. 그도 제인에게 청혼을 하지요. 제인은 새로운 선택의 기로에 서게 돼요. 생 존은 목사이고, 인도 선교에 지원하려 해요. 언뜻 보면 별 문제가 없지요. 그러나 외모에서 암시되듯 여기에는 억압과 강요가 숨어 있어요.

생 존은 잘생겼는데 어째 좀 정이 안 가는 외모예요. 조화로운 얼굴에 크고 푸른 눈을 가졌지만, 상아처럼 하얀 이마는 냉정한 인상을 주지요. 실제로 그는 차갑고 금욕적인 태도를 보인답니다. 결혼 역시 사랑보다는 자신의 계획에 맞춰 이성적으로만 결정해요. 아름다운 귀족 여인인 로자먼드 대신 제인을 택하면서, 그 이유를 제인이 선교사의 아내로 적합하기 때문이라고 설명하지요.

생 존의 청혼이 얼마나 멋이 없는지 한번 볼게요.

"God and nature intended you for a missionary's wife. It is not personal but mental endowments they have given you; you are formed for labor, not love. A missionary's wife you must—shall be. You shall be mine; I claim you—not for my pleasure, but for my Sovereign's service."

"하나님과 자연이 당신을 선교사의 아내로 작정했소. 그들이 당신에게 준 것은 신체적인 것이 아니라 정신적인 자질이요. 당신은 사랑이 아닌 노동을 위해 지어졌소. 선교사의 아내가 당신은 되어야 하고, 또 그렇게 될 것이요. 당신은 내 것이 될 것이요. 나는 나의 기쁨을 위해서가 아니라, 지존하신 하나님을 섬기기 위해, 당신을 내 것이라 주장하오."

청혼을 하면서 이런 말을 한다니 생 존은 정말 매력 없는 사람이죠? 자신의 목적을 절대시하고, 청혼 상대를 무시한다면 충분히 가능한 발언이에요. 그는 선교라는 자신의 목적을 위해 아내를 고르고, 그 선택을 상대에게 강요합니다. 하나님의 이름으로 자신의 뜻을 내세우는 것이지요. 독립된 인격과 감정의 소유자인 제인은 이에 거부감을 느끼고 생 존의 청혼도 거절해요.

누구와 결혼을 하는가를 보면 그 사람의 가치관을 알 수 있다는 말이 있어요. 평생의 동반자를 외모로 택하는지, 성격으로 고르는지, 재산으로 판단하는지 등으로 핵심가치를 알 수 있거든요.

제인에게 결혼은 사랑과 사회적 승인, 그리고 상호 존중이 함께 어우러져야 하는 중요한 일이었어요. 고아 출신에 분노발작까지 하던 까다로운 여자아이가 어엿한 숙녀를 거쳐 귀족 가문의 안주인이 된 데에는 이런 가치관이 큰 기여를 했다고 보아도 과언이 아닐 거예요.

어느 고아의 성공과 성장

『위대한 유산』의 주인공 핍 역시 가난한 고아 출신이에요. 실제로 이 당시 영국에는 기근과 질병으로 부모를 잃은 아이들이 많았다고 해요. 핍의 부모와 형제들 역시 죽었는데, 단 하나 살아남은 사람이 자기보다 스무 살가량 나이가 많은 누나예요. 그런데 누나는 전혀 다정하지 않아요. 고함을 치거나 때리기도 하고, 굶기기도 하며 욕을 하는 등 온갖 학대를 자행

하는 여자였지요. 이런 태도는 나이 어린 동생 핍뿐만 아니라, 자기 남편인 조에게도 나타났어요. 성미가 급해 발작도 하고, 불안감에 짜증도 많고, 하고 싶은 말은 조금도 참지 못하는 누나 탓에 핍은 정신적으로, 육체적으로 괴로움을 면치 못해요.

어머니가 아버지에게 학대를 당하는 것을 보고 자란 매부이자 대장장이 조는 여자에게 다정하리라 다짐한 탓에, 아내의 폭력을 잘 참아내고 핍에게도 친절히 대해 준답니다. 핍은 조 밑에서 견습공으로 일하며 기술을 배워요. 성실히 노동하는 데서 오는 보람도 경험하고요. 그러나 견습일을 채 마치기도 전 엄청난 부잣집의 의붓딸 에스텔라의 놀이친구가 되면서 가치관의 혼란을 겪어요. 굶지 않고 매 맞지 않으면 행복하고, 누나의 학대를 받을 때면 매부와 동류의식을 느끼며 위로하던 핍이 자신의 가난과 비천함을 깨달으며 방황하기 시작한 것이지요.

여러분도 그런 적이 있나요? 자신의 처지에 큰 불만 없이 자라다가 우연히 친구네에 놀러 갔는데 으리으리함에 기죽어 버린 적 말이에요. 친구 부모님의 대단한 지위에 놀라고, 친구네 집에서 일하는 사람들을 보고 놀란 일은요? 혹시 그때 자신이 초라하게 느껴지던가요? 괜스레 부끄럽고 부모님이 원망스럽던가요? 아니면 그저 신기하고 재미있던가요?

정서적으로 안정된 사람이라면 멋진 환경을 본다고 마냥 기죽지는 않을 거예요. 하나의 새로운 정보로 받아들이고, 즐길 수 있는 부분은 누리겠지요. 그러나 핍처럼 학대를 당한 사람이라면 문제가 달라져요. 더구나 에스텔라는 부자인 데다가 아름다운 또래 여자아이인데, 핍을 노골적으로 무시하니 주눅 들고 속상한 건 당연하지요.

수치심과 열등감을 느낄 때 인간은 가치관의 혼란을 겪기 쉬워요. 자신이 소중히 여기고 자랑스럽게 생각했던 것을 가치 없게 느끼며 엉뚱한 것을 추구하기도 하고요. 감정적으로도 우울해지고 매사 짜증스럽게 느껴지기도 해요. 자기보다 잘난 사람은 많은데, 스스로는 별것 아닌 것 같아 속상하고 불안하니까요.

핍의 경우 대장장이 견습생으로 육체노동을 하여 거칠어진 손을 부끄러워하게 된답니다. 작품에서 이런 심리 상태가 다음과 같이 표현돼요.

I had never thought of being ashamed of my hands before; but I began to consider them a very indifferent pair. Her contempt for me was so strong, that it became infectious, and I caught it.

나는 내 손에 대해 부끄러워하리라고는 생각조차 한 적이 없었다. 그러나 나는 그 손을 매우 하찮게 생각하게 되었다. 나에 대한 그녀의 경멸이 너무나 강해 전염력마저 생겼는데, 내가 감염된 것이다.

건강한 가치관이 확립되기 전에 학대나 조롱을 당하면 크게 상처를 받을 수 있어요. 상대방이 그릇된 판단과 행동을 하고 있음을 깨닫고 심리적인 거리를 두기보다는, 오히려 그에 영향을 받아 열등감과 수치심을 느끼게 되니까요. 상처 입은 핍은 이후 익명의 후원가로부터 도움을 받으며 야심을 키워요. 그리고 소중한 사람과의 관계를 희생하면서까지 성공을 지향하게 돼요. 글씨를 가르쳐 준 친구 비디는 물론 자신을 키워 주고 돌봐 준 조와도 거리를 두려하지요.

돈과 명예를 얻을 수 있다면 인간관계를 포기해도 될까요? 돈의 출처를 모르면서도 그저 받아 누려도 되는 걸까요? 부자가 되고 교육만 받으면 명예로운 인간이라고 할 수 있을까요? 가까운 사람을 소중히 여기지 않으면서 자신은 존중받는 게 가능한 일일까요? 이후 핍의 성장 과정에서는 이런 질문을 던질 만한 상황이 계속 발생해요. 그리고 그는 성공과 이익을 추구하면서도 도덕성과 배려심을 잃지 않아야 함을 배우게 돼요.

가치관은 옳고 그름, 좋고 나쁨을 평가하는 기준이에요. 그 안에는 바르게 생각하는 것과 우선순위를 정하는 것이 포함되지요. 선택의 순간에는 가치관이 결정적인 힘을 발휘한답니다. 올바른 가치관을 가진 사람은 제대로 된 결정을 내리고 후회하지 않을 수 있지만, 가치관이 흔들리는 사람은 결정도 어렵고 나중에도 후회하거나 실패하기 쉬워요. 이 작품들을 통해 여러분의 가치관을 점검하고 정립할 수 있으면 좋겠습니다.

자존감의 가치:
『더버빌가의 테스』, 『가장 푸른 눈』

순수와 존엄은 어디서 찾는 것일까요?

여러분은 여러분의 조상이나 가문에 대해 잘 알고 있나요? 집안에 역사 책에 나오는 대단한 인물이 있나요? 만일 그렇다면 그분 때문에 여러분도 으쓱한가요? 토머스 하디의 작품 『더버빌가의 테스』(1891)에도 가문에 대한 이야기가 나와요. '테스'라는 여주인공의 이름에 '더버빌가의'라는 말이 붙은 것은, 가문과 그녀의 삶 사이에 깊은 연관성이 있음을 암시해요.

이 작품에는 부제도 있어요. '충실하게 그려낸 순결한 여인(A Pure Woman Faithfully Presented)'이랍니다. 왜 이런 부제가 붙었을까요? 테스의 가문과 그녀의 순결을 중심으로 작품을 읽어 보도록 할게요. 먼저 테스의 가문 이야기부터 하지요. 테스의 아버지는 날품팔이를 하는 사람이에요. 그런데 우연한 계기로 자기 가문에 영광스러운 과거가 있었다는 사실을 알게 돼요. 이 대목을 한번 살펴볼게요.

"Don't you really know, Durbeyfield, that you are the
lineal representative of the ancient and knightly family of
the d'Urbervilles, who derive their descent from Sir Pagan
d'Urberville, that renowned knight who came from Normandy
with William the Conqueror, as appears by Battle Abbey Roll?"
"Never heard it before, sir!"

"자네는 정말 모르는가, 더비필드, 자네가 배틀 애비 롤이 밝힌 바대로 정
복왕 윌리엄과 함께 노르망디에서 온 유명한 기사 패건 더버빌의 후손에
서 나온, 더버빌이라는 유서 깊은 기사 가문의 직계 후계자란 걸?"
"한 번도 들어 본 적이 없었어요, 나리!"

테스의 아버지에게 그 가문이 귀족과 연계되어 있다고 말한 것은 교구
목사예요. 앞서 살펴본 1066년 노르만 정복 사건 생각나시나요? 그때 정
복왕 윌리엄과 함께 온 기사의 후예라니 대단한 가문이겠죠? 평범한 행상
인이 존 경일 수 있다는 암시를 들으니 흥분되는 건 당연한 일이겠어요.
그러나 당장의 현실은 변하지 않아요. 직업도 변변찮고 가난도 여전하죠.
이 사실을 알려주는 교구 목사 역시 존을 아랫사람 대하듯 하고 있고요.
그럼에도 불구하고 존은 과거의 영광에 눈이 멀어 현재의 삶을 서서히 망

치기 시작해요.

테스의 아버지는 졸면서 마차를 몰다 사고를 내어 말이 죽게 만들어요. 행상을 할 수 없는 상황이 된 것이지요. 그 때문에 독서를 좋아하고 교사가 되고 싶어 하던 열일곱의 테스는 친척집 하녀로 보내지고요.

부유한 친척 집에는 알렉이라는 방탕한 청년이 있었는데, 그는 정욕을 자제하지 못하고 테스를 끈질기게 유혹해요. 결국 어두운 밤 숲속에서 기회를 틈타 테스를 강간하고 말지요. 이 일을 겪고 두려움과 분노, 절망에 휩싸여 집으로 돌아온 테스는 자신의 엄마를 원망하며 이렇게 말해요.

"Why didn't you tell me there was danger? Why didn't you warn me? Ladies know what to guard against, because they read novels that tell them of these tricks; but I never had the chance of discovering in that way; and you did not help me!"

"왜 위험이 있다는 것을 말해 주지 않았어요? 왜 경고를 해주지 않았나요? 숙녀들은 이런 속임수들을 알려 주는 소설을 읽으니까 무엇으로부터 자신을 보호해야 하는지 알아요. 그러나 저는 그런 식으로 알아낼 기회를 갖지 못했어요. 엄마도 도와주지 않았고요!"

소설은 있을 법한 일 혹은 사실에 바탕을 둔 허구를 그리기 때문에 숨은 위협과 그를 피할 만한 지혜를 보여 주지요. 어떠한 상황을 접할 때 그 안에 감춰진 의미를 해석할 힘도 길러주고요. 그러나 제대로 된 교육을 받지도, 어머니로부터 가르침을 얻지도, 충분한 독서를 하지도 못한 테스는 상황 파악을 제대로 하지 못해요. 그저 순진하기만 해서 도사린 위협을 읽지 못하고 억울한 상황에 처하고 말지요. 이후 테스는 사생아를 출산했는데, 그 아이는 곧 죽고 말아요.

테스는 알렉에게 고통을 당한 뒤 진심으로 사랑하게 된 남자 에인절에게도 버림을 받아요. 에인절은 결혼 첫날 밤 테스에게 자신의 성적 일탈을 고백하면서도, 정작 테스가 강간당한 사실을 고백하자 그녀에 대한 실망감을 감추지 못해요. 테스 역시 자신이 더럽혀진 존재이고 용서받아야 할 대상이라 느끼고요. 테스를 '용서하지' 못한 에인절은 결국 그녀를 떠나게 됩니다.

나중에 에인절과 테스가 재회하지만 때는 너무 늦어 버렸어요. 분노와 좌절감에 테스가 알렉을 죽이고요. 경찰에 체포되며 테스가 에인절에게 남긴 말은 매우 의미심장해요. "이제 나는 당신이 멸시하도록 살아남지 않아도 되겠네요(now I shall not live for you to despise me)."라는 말이에요. 그동안 얼마나 구차하게 살아왔는지, 특히 사랑하는 에인절에게 멸시받으며 사느라 얼마나 비참했는지 단적으로 드러나는 말이지요.

테스는 허영, 가난, 강간, 배신, 거짓, 착취, 멸시 등으로 순결한 처녀가 버림받은 아내와 정부를 거쳐 살인자가 되어 가는 모습을 보여 줍니다. 가문에 대한 부모의 허영은 딸의 불행을 초래했고, 테스를 괴롭힌 알렉 역시 돈으로 가문을 산 가짜 귀족에 불과했지요. 이런 이야기를 담은 책의 제목에서 테스의 이름에 명문가 더버빌이라는 수식어구가 붙고, 순결한 여인이란 부제가 붙은 것은 매우 의미심장하지요.

폭력과 차별에 대한 반응을 그린 『가장 푸른 눈』

테스가 너무나 아름다워 고통을 겪었다면, 『가장 푸른 눈』의 주인공 피콜라는 반대로 못생긴 외모로 인해 열등감과 상처를 받아요. 검은 피부 때문에 피콜라는 스스로가 못생겼다고 생각하며 자라요. 열등감을 키우던 그녀는 백인의 상징인 푸른 눈을 아름답게 여기고 이를 몹시도 부러워하지요.

싸움을 그치지 않던 피콜라의 부모 역시 열등감에 사로잡힌 인물이라고 볼 수 있어요. 어머니 폴린은 부유한 백인 가정의 하녀였고, 아버지 촐리는 알코올 중독에 사로잡힌 폭력적인 사람이었어요. 아버지는 피콜라를 두 번이나 강간했어요. 그 동기가 증오인지 사랑인지는 해석이 분분하지만, 자신의 어린 딸을 성폭행할 만큼 그의 정신이 황폐하고 충동적이라는 것은 분명해요.

아버지의 강간으로 인해 임신하고 그 아이가 조산되어 죽자 피콜라는 착란에 이르러요. 주변의 사람들이 그녀를 안쓰럽게 여겨 잘 대해 주자, 자신이 푸른 눈을 가졌기 때문이라고 믿기까지 해요. 외모에 대한 피콜라의 열등감은 흑인 가족의 가난과 폭력, 중독의 문제와 더불어 심각한 주제로 다뤄집니다.

• 인종차별과 성차별에 맞선 작가 토니 모리슨 •

상담학의 기원은 알코올 중독자와 그 가족의 치료에 있다는 말이 있어요. 알코올 중독의 원인과 양상, 영향이 연구되고, 당사자와 가족을 치료하는 과정에서 상담학이 발달했다는 이야기이지요. 그만큼 중독, 특히 알코올 중독은 자신은 물론 주변 사람에게 치명적인 상처와 고통을 가져옵니다. 늘 술에 절어 있는 피콜라의 아버지는 자존감이 낮고, 분노와 불안, 슬픔이 가득한 사람이 빠져드는 중독의 상태를 잘 드러내고 있어요. 가난한 흑인 가족의 벗어날 수 없는 폭력과 고통의 대물림도 보여주고 있고요.

이 작품을 쓴 토니 모리슨(Toni Morrison, 1931~2019)은 1993년에 노벨 문학상을 수상했어요. 흑인 여성으로서는 최초이지요. 그녀는 흑인이자 여성이라는 이중의 한계와 차별을 경험하고, 그것을 문학적으로 승화시켜 표현했어요. 문학이라는 예술적 수단을 통해 현실을 그려 내고, 그 의의와 가치를 인정받은 것이지요. 『가장 푸른 눈』의 화자 클라우디아가 또래에게 퍼진 자기멸시에 물들지 않고 독립적이고 강인한 태도를 유지하는 것처럼, 모리슨은 차별과 한계에 맞서며 위대한 문학가의 위상을 인정받았답니다.

책 읽기가 공부나 일상에
어떤 영향을 미칠까요?

어른들은 참 이상한 말을 할 때가 있어요. 어떨 땐 책 속에 길이 있다며 책을 읽으라고 하고, 또 어떨 때는 책만 보면 뭐하냐며 책 좀 그만 읽고 공부를 하라고 하지요. 이런 헷갈리는 말을 들으면 과연 독서가 인생에 도움이 되는지, 도움이 된다면 어떻게, 얼마나 되는지 궁금해질 때가 있어요. 무슨 책을 어느 정도 읽어야 하나 하는 질문이 생기기도 하고요.

책 읽는 습관이 곧 공부하는 습관이라는 말들을 하곤 해요. 이 말은 책을 읽다 보면 공부도 잘하게 된다는 뜻으로 해석되지요. 실제로 어릴 때부터 독서 습관을 잘 들인 사람이 공부를 잘하는 경향이 있어요. 시험이 교과서라는 '책' 위주로 나오고, 독해력과 사고력이 학습의 기본이 되니까요. 독서와 학업은 떼놓기 어려운 관계라고 할 수 있어요.

그렇다고 아무 책이나 무조건 많이 읽으면 공부를 잘할까요? 아니란 사실은 여러분이 더 잘 알고 있을 거예요. 학습만화를 많이 봤다고 점수가 무조건 잘 나오지는 않지요. 교과서를 잘 이해하고 암기한 뒤 기출 문제와 예상 문제를 푸는 훈련을 거쳐야 비로소 시험을 잘 치를 수 있어요. 학습

만화에서 제공하는 지식이나 정보는 교과서에서 다루는 내용과 초점이 좀 달라요. 만화는 교육뿐만 아니라 흥미에 관심을 두기 때문이죠.

또 우리가 책을 읽는 방식과 공부를 하는 방식도 좀 달라요. 대부분의 독서는 재미있는 책을 골라 한 번 쭉 읽는 것으로 끝나요. 그러니 책을 읽으며 재미를 느낀다고 해서 그 안에 담긴 모든 자료를 잘 조직화하여 기억하는 것은 아니지요. 그러나 공부는 달라요. 전체적인 맥락도 파악하지만 세부적인 정보를 정리하고 암기해야 하지요.

시험지를 받으면 공부했다는 사실도, 그 내용이 어디 있는지도 대충 기억나지만 막상 정답이 생각나지 않아 황당할 때가 있지 않나요? 정보에 친숙하다고 이해와 암기가 된 건 아니기 때문에 이런 상황에 처할 수도 있어요. 요컨대 읽는다고 다 이해하는 게 아니고, 이해한다고 다 기억나는 것도 아니니, 일반적인 독서법과 학습법은 비슷한 듯해도 꽤 많이 달라요. 공부를 잘하려면 자료를 파악하고 정보를 조직해서 암기하는 훈련이 필요하지요. 그러니 시간과 집중력이 요구되고요.

독서와 공부의 관계를 요약하자면 이래요. 책을 읽으면 공부를 하는 습관이 잡히고, 다양한 지식과 정보를 고루 접할 수 있어요. 책을 통해 강한 동기와 자극을 받아 공부에 활기를 얻기도 하지요. 그러나 결정적으로는 교과서, 자습서, 문제지, 기출/예상 시험지를 잘 이해하고 분석해서 암기해야 좋은 성적을 얻을 수 있어요. 전략을 갖춘 학습법과 집중력을 쏟는 시간이 필요하고요.

일상의 삶에 독서를 적용할 때도 마찬가지예요. 책을 통해 사람의 심리를 파악하고 상황에 대한 대처 능력을 키운다 하더라도, 아는 것과 사는 것은 달라요. 책만 많이 본다고 저절로 훌륭한 삶을 사는 것은 아니지요. 공동체에서 살아갈 때는 인간관계를 맺어야 하기 때문에 겸손하고 유연한 태도가 중요해요. 내가 아는 게 전부라고 주장하기보다는 소통하며 배우려는 자세를 가져야 하고요. 책으로 모든 것을 다 배웠다고 자만하는 사람보다는 읽어 온 것을 삶에서 적절하게 실천하려는 사람이 더욱 필요하지 않을까 싶어요.

영문학을 통해 대중문화를 이해해요

문학이라고 하면 고상한 글이고, 꼭 읽어야 한다는 의무감도 느끼지만 왠지 모를 부담감이 생기기도 해요. 심지어 영문학은 영어 더하기 문학이니 더욱 손이 쉽게 가지 않을 수 있고요. 반면 대중문화라 하면 친근하지요. 재미있고 쉽고 어디서나 접할 수 있다고 생각하니까요. 그런데 사실은 대중문학과 영문학 사이에 뚜렷한 경계가 있는 건 아니에요. 이 작품까지는 영문학에 넣고, 여기서부터는 대중문화로 분류한다는 명확한 기준이 없거든요. 또 영문학 작품과 대중문화는 긴밀한 상호작용을 통해 서로 영향을 주고받으며 성장해 왔어요. 영문학이 대중문화 발달을 이끌었고, 대중문화가 영문학에 대한 관심을 높이기도 했지요. 이 장에서는 영문학과 대중문화의 관계를 영화, 추리소설, 판타지, 만화를 중심으로 살펴볼 거예요. 이 장이 사회를 바라보는 여러분의 시각에 폭과 깊이를 더할 수 있기를 바랍니다.

영문학은
문화와 함께 발전해요

문자보다 영상이 더 좋은 시대, 책을 꼭 읽어야 할까요?

글쓰기를 좋아하나요? 예전에는 취미를 독서라고 하고, 특기를 글쓰기라고 하는 사람이 제법 많았어요. 어느 정도였냐면 두 그룹을 합하면 한 반에서 10명은 되었던 것 같아요. 한 반에 60명 정도 되던 시절이었지요. 책을 많이 읽지 않는 사람이나 글쓰기를 좋아하지 않는 사람도 문학의 가치는 기본적으로 인정했어요. '문학은 필요하고 소중한데 내가 부족해서 덜 읽고 못 쓰는 것일 뿐이다.'라는 생각을 했던 거죠.

요즘은 어떤가요? 글쓰기 능력은 여전히 강조되는 것 같아요. 회사의 보고서나 기획서에서도 글쓰기가 필요하고, 학자의 연구계획서에도 글쓰기 능력이 요구되니까요. 수많은 계약서나 지원서도 글로 구성되지요. 그렇다면 책, 그중에서 특히 문학의 가치는 어떨까요? 어느 정도 그 가치를 인정하긴 하지만 순위에서는 한참 밀릴 것 같아요. 의학, 법학, 이공학, 상경학은 성공에 이르는 길로 보고, 문학은 그저 취미나 교양 정도로 생각하는 경우가 많지요.

여러분은 어떻게 생각하세요? 문학이 정말 필요할까요? 그게 인생에서 어떤 도움이 되는 걸까요? 누구나 독서의 중요성을 강조하는데, 책 중에서 문학은 얼마나 읽어야 할까요? 글보다 이미지가 편하고, 책보다 영상이 좋은 시대에 영문학은 어떤 역할을 해야 할까요? 또 영문학과 인기 있는 대중문화인 영화 사이에는 무슨 관계가 있을까요?

문학의 힘을 보여 주는 〈스트럭 바이 라이트닝〉

영화 속에서 영문학의 가치를 일깨우는 사례가 하나 있어요. 〈스트럭 바이 라이트닝(Struck by Lightning)〉(2012)이라고 우리말로는 '번개 맞은' 정도로 해석될 수 있는 영화예요. 이 영화는 크리스 콜퍼라는 1990년생 배우이자 가수이며 작가가 극본을 썼어요. 콜퍼는 서른도 되지 않은 나이에 주간지 《타임》이 선정한 세계에서 가장 영향력 있는 100인에 선정된 인물이랍니다. 《뉴욕 타임스》가 꼽은 최고의 베스트셀러 시리즈 『랜드 오브 스토리』(2012~2017)의 작가이기도 하고요.

콜퍼는 아주 어렸을 때부터 작가가 되고 싶어 했어요. 그의 할머니는 열심히 그의 글을 읽고 조언과 격려를 해주었고요. 중학교 때 콜퍼는 친구들의 괴롭힘을 몹시 심하게 받아서 중학교 2~3학년 과정을 홈스쿨로 마쳤어요. 고등학교에 진학해서는 연설과 토론, 글쓰기, 연극 등에서 두각을 나타내 많은 상을 받았고요.

〈스트럭 바이 라이트닝〉은 콜퍼 자신의 이야기가 담긴 영화예요. 주인공인 카슨 필립스는 문학 창작 동아리의 리더이자 학보사 편집장이에요. 인기 없는 동아리의 장이죠. 학교에서는 왕따를 당하고요. 학교의 또래들은 문학과 글쓰기를 싫어하는데 카슨은 늘 책과 글에 매달리니 친구들과 잘 어울리지 못해요. 친구들의 관심은 뭘까요? 연애, 패션, 스포츠, 쇼핑, 파티랍니다. 카슨은 사람들의 무관심과 무시에도 불구하고 꿋꿋하게 학보사를 운영하고 문학 창작을 독려해요. 약간 치사한 방법까지 동원해 사람들이 글을 싣게 만들어 교내 문학잡지를 창간하고요.

카슨이 이렇게까지 글쓰기에 매달린 것은 꿈이 있었기 때문이에요. 그는 잡지 《뉴요커》의 편집인이 될 날을 그리며, 저널리즘으로 유명한 미국 중서부의 명문 노스웨스턴대학교에 진학하려 합니다. 꿈에 맞는 교내 활동을 위해 문학 창작 동아리 리더, 학보사 편집장, 문학잡지의 창간인이 되려는 거지요. 여기까지만 보면 입시를 위해 스펙을 쌓는 여느 고등학생이랑 별로 차이가 없어 보여요. 그런데 여기엔 카슨만의 특징이 있어요. 그건 부모의 주도나 주변의 지지가 아니라, 반대나 방해에도 불구하고 꿈을 꾸고 길을 찾았다는 점이에요.

주변의 어려운 여건에도 불구하고 목표를 향해 달려가는 카슨은 그의 어머니와는 대조를 이루어요. 어머니는 젊은 시절 약사가 되려는 꿈을 꿨어요. 그러나 이기적이고 무책임한 남자, 즉 카슨의 아빠를 만나 준비 없이 결혼을 해요. 안정을 위해 정착해 버린 것이지요. 카슨은 이런 어머니와 함께 살면서도 나쁜 영향을 받지 않고 목표를 설정하고 실천해요. 문학은 그의 꿈이자 삶의 원동력이었어요.

이 영화는 문학과 글쓰기의 힘을 역설하는 작품이라고 할 수 있어요. 문학작품을 읽고 감동하여 결단을 하고, 글쓰기를 통해 생각을 정리하고 상처를 치유하여 인생을 방향을 잡아 가는 10대의 모습을 보여 주거든요. 그런 면에서 보면 영화는 문학과 경쟁하고 심지어 문학을 이겨 버리기까지 했지만, 역설적으로 문학의 가치를 옹호하고 문학 발전을 돕는다고 할 수 있겠네요.

문학관이 인생관이 되는 〈죽은 시인의 사회〉

이제 영화 두 편을 더 살펴보며 대중매체에서 영문학이 어떻게 다뤄지는지를 좀 더 구체적으로 살펴볼게요. 먼저 영화부터요. 좀 오래되긴 했지만, 문학 영화, 청소년 영화, 진로 영화의 고전이라고 할 수 있는 〈죽은 시인의 사회〉(1989)부터 볼게요. 이 영화의 배경은 미국의 명문 남자기숙고등학교예요. 시를 가르치는 영어교사 존 키팅이 중심인물로 등장하지요. 그는 학생들에게 딱딱한 이론을 담은 시 교과서의 서문을 찢어 버리라고 말해요. 시뿐만 아니라 삶에 대해서도 자유롭고 개성 있는 사고를 장려

하고요. 자연히 엄격한 교장선생님은 키팅 선생님을 주시하게 됩니다.

이 영화는 좋은 작품과 나쁜 작품을 평가하는 기준에 대해 의문을 제기하며 시작하지만, 차차 학생들의 진로 문제로 논점이 옮겨가요. 가치 판단의 기준을 다루게 되지요. 여러분이 생각하는 좋은 작품의 기준은 뭔가요? 시대에 따라 또 개인의 취향에 따라 문학작품을 평가하는 기준은 다를 수 있어요. 어느 시기에는 금서였거나 하찮게 취급받던 책이 몇 세대를 지나 위대한 작품으로 평가되기도 하고요. 나에게 엄청난 감동을 주었던 작품이 내 친구에게는 시큰둥한 반응을 낳을 때도 있어요.

대체 문학작품을 평가하는 객관적인 기준이 있기나 할까요? 있다면 무엇일까요? 없다면 기준의 필요성을 느끼나요? 작품에 나타난 외설성을 이유로 작가가 감옥에 갇히기도 하고, 사실을 왜곡했다는 이유로 소설가가 비난받기도 하는데, 이런 일들에 대해서는 어떻게 생각하세요?

여기에 답하기 위해서는 먼저 문학의 가치와 역할을 정리할 필요가 있어요. 문학의 역할이 단지 흥미를 유발하고 호기심을 채워 재미를 주는 데 있다고 생각하면 무슨 소재를 어떻게 다뤄도 무방하다고 여길 거예요. 그러나 문학이 인간의 정서를 순화하고 지성을 일깨우며 감동과 교훈을 주는 언어예술이라고 생각한다면 내용의 진실성과 형식의 아름다움을 무시할 수 없지요.

〈죽은 시인의 사회〉로 다시 돌아가 볼게요. 키팅 선생이 기존의 법칙을 무시하는 태도를 보인 이유는 명문 사립 기숙고등학교의 특징과 관련해 생각할 수 있어요. 이곳은 우수한 집안의 자제들이 성공하기 위해 교육과

훈련을 받으며 분투하는 공간이에요. 꿈, 배려, 우정보다는 성과 경쟁, 시기가 지배하는 곳이지요. 키팅 선생님은 이 학교 졸업생이기 때문에 교사이자 선배랍니다. 학창 시절 '죽은 시인의 사회'라는 비밀 동아리에 속해 색다른 삶을 꿈을 꾼 적도 있었죠. 그는 여전히 예전의 이상을 간직한 채 자신의 후배이자 제자들에게 판에 박힌 삶에서 벗어나라고 가르쳐요.

• 이탈리아에 있는 호라티우스의 동상 •

이 영화에서 키팅이 인용한 유명한 말이 바로 "카르페 디엠(carpe diem)"이에요. 영어로는 'Seize the Day' 혹은 'Enjoy the present'라는 말이에요. 원래 이 말은 로마 공화정 말기의 시인인 호라티우스(BC 65~8)가 한 말이에요. 인생은 짧고 세월은 흘러가니 지금 이 순간을 즐기라는 내용이에요. 학생들 각자가 자기만의 특별한 삶을 살아야 한다는 의미로 가르쳐 준 것이지요. 삶은 짧고 소중한 것이기 때문에 사회나 부모님 혹은 선생님이 정해 준 성공 기준을 따를 것이 아니라, 스스로가 원하는 바를 추구해야 한다는 의미로 말이에요.

이처럼 키팅 선생님이 자유와 개성을 강조하다 보니 학생들은 점점 과감해지기 시작해요. 여러 갈등과 문제 상황이 벌어지고요. 일이 커지면

• 미국에서 자유시의 아버지라 불리는 월트 휘트먼 •

이탈자가 생기게 마련인데, 이 영화에서는 캐머런이란 학생이 그랬어요. 그는 동아리 활동에 대한 처벌을 면하기 위해 모든 책임을 교사 키팅에게 돌려요. 키팅 선생님은 결국 해고되지요.

여기서 영화사에 남을 명장면이 나와요. 교장선생님이 키팅 선생님을 대신하여 수업에 들어오고, 키팅 선생님은 자기 물건을 챙기려고 교실로 왔을 때의 상황이에요. 수줍음 많던 토드가 먼저 책상 위에 올라가 "아, 캡틴! 나의 캡틴(O Captain! My Captain)!"이라고 외치자, 하나둘 책상에 올라가 과반수의 학생이 키팅 선생님의 해고에 반대하는 시위를 벌이는 것이지요.

"아, 캡틴! 나의 캡틴!"이라는 말은 1865년 에이브러햄 링컨 대통령이 암살당했을 때 미국의 시인 월트 휘트먼(Walt Whitman, 1819~1892)이 쓴 시에 나오는 대목입니다. 죽음 사람을 기리는 일종의 비가인 이 시는, 링컨의 서거를 슬퍼하고 그의 업적을 칭송하며 기념하는 내용을 담고 있어요. 마지막 장면에서 학생들이 이 말을 외치는 것은, 링컨만큼이나 키팅 선생님을 존경한다는 뜻이겠지요.

이 영화는 문학 감상과 평가의 기준에 관해 진지한 질문을 던지고 있어요. 그리고 그것이 인생관이나 가치관과 어떻게 연결되는지를 묻고 있지요. 키팅의 경우처럼 시를 어떻게 보느냐로도 그 사람의 사고가 종합적으로 드러날 수 있어요. 규격화된 질서를 존중하는 사람은 엄격한 형식적인 기준을 중시하는 경향이 있고, 자유와 개성을 중시하는 이들은 파격적인 시도를 옹호하거든요. 짐작하겠지만, 중요한 것은 이 둘의 조화라고 할 수 있어요. 전통과 혁신의 균형 속에서 형식과 내용의 조화와 예술미를 얻을 수 있으니까요.

기존의 틀을 모두 깨어 버리는 혁신은 자기 파괴적인 결말로 나아갈 수 있고, 관습만 답습하다 보면 진취성을 잃거나 부패할 수 있어요. 이 영화에서 혁신은 상당히 과격한 방향으로 표현되고 있어요. 그 결과 보수적 질서에 의해 키팅은 해고되고 학생들도 어려움을 겪어요. 그러나 여기서 끝나는 건 아니에요. 폐쇄적이고 억압적인 학교와 가정에 변화의 필요성과 가능성도 암시되거든요. 〈죽은 시인의 사회〉는 10대가 성장과정에서 경험하는 고통과 고민을 학교를 배경으로 잘 표현한 영화랍니다.

영화 속 문학을 그리는 〈원더〉

영화 〈원더〉(2017)에도 영문학의 영향은 뚜렷하게 나타납니다. 이 작품은 어린이를 위한 소설이 원작이었어요. 원작 소설은 2012년에 출판되었는데, 이 책을 바탕으로 2017년에 영화가 제작되었답니다. 이 작품 안에

・미국의 극작가 손턴 와일더・

는 꽤 유명한 미국 희곡인 손턴 와일더(Thornton Wilder, 1897~1975)의 『우리 마을(Our Town)』(1938)이 등장하기도 해요.

〈원더〉는 안면 기형을 가진 아이를 둔 가족의 이야기를 다루고 있어요. 27번이나 수술을 받은 아이가 학교생활에 첫발을 내딛었을 때, 본인과 가족이 경험하는 긴장감과 두려움이 이 영화에서 잘 나타나고 있어요.

아들이 겨우 친구 하나를 사귀었을 때 엄마가 흘리는 눈물, 친구라 믿었던 아이가 우연히 다른 아이들과 같이 자신을 비웃는 걸 보고 느끼는 주인공의 배신감이 섬세하게 표현되고 있어요. 장애를 가진 동생으로 인해 안타깝고 괴로운 누나, 가족을 보듬으며 사회생활을 하느라 힘겨운 아빠, 늘 가슴 졸이며 일상을 사는 엄마를 보면, 평범한 삶을 사는 것이 얼마나 소중하고 놀라운 것인지를 새삼 알게 된답니다.

일정한 나이가 되면 학교에 가는 것, 너무나 당연하고 자연스러운 일이죠. 그러나 학교에 입학하고 견학을 가고 동아리 활동을 하고 모둠 활동을 하는 게 어려운 사람도 있어요. 장애가 있어 거동이 불편하거나, 중병에 걸려 등교를 할 수 없거나, 환경이나 마음이 너무나 힘든 경우들 말이에요.

부모님도 마찬가지예요. 우리 아이가 시험공부를 안 해도 좋으니 학교만 갔으면 좋겠다, 단 한 명이라도 괜찮으니 친구가 있었으면 소원이 없겠다, 제발 학교에서 가는 여행이나 견학을 한 번이라도 가주면 바랄 게 없겠다 하는 말들을 들을 때가 있어요. 이런 말들이 나오는 것을 보면 소위 '정상적인 학교생활'이라는 게 얼마나 어려운 것인지 실감하게 되지요.

안면 기형을 가진 이 영화의 주인공은 학교 가는 첫날 가면을 써요. 흉한 얼굴을 가리기 위해서요. 부모님은 초조해 하며 아이를 보내지요. 아이는 잘 적응해가고 친구도 사귀는 것 같지만 갈등과 어려움을 겪어요. 주인공의 누나 역시 부모님의 관심이 동생에게만 쏠린데다 단짝이 멀어지는 바람에 괴로워하고요.

이 영화 속에서 누나 올리비아는 『우리 마을』을 공연하는데, 여기서도 지극히 평범한 삶이 가장 가치 있고 소중한 것임을 보여 줘요. 1막은 신문배달, 우유배달, 등교 등 평범한 일상생활이 다뤄집니다. 2막은 조지와 에밀리 커플이 결혼을 앞두고 갈등을 겪다가 결국은 결혼하게 되는 이야기입니다. 3막은 죽음과 영원에 대한 것이에요. 에밀리는 둘째 아이를 낳다가 죽었는데, 3막에서 단 하루 지상으로 돌아와 12세 생일을 다시 한번 살게 됩니다.

이 경험을 통해 에밀리는 평범한 일상이 얼마나 소중한지 깊이 깨달아요. 그래서 그녀는 무대 관리자에게 물어봅니다. 이 세상을 살아가는 사람들 중 삶의 가치를 진정으로 이해하는 사람들이 있는지 말이에요. 그는 성인이나 시인들은 그럴 수 있지만, 그들조차 가끔만 그렇다고 대답합니다. 대부분의 인간은 감격이나 감사 없이 그저 매일을 사는 것이지요.

욕망을 무한히 추구하고 어렸을 때부터 경쟁에 길든 한국의 10대에게 일상이 얼마나 소중한지를 알고 있냐고 묻는다면 어떻게 대답할까요? "일상이 소중하다고요? 그렇게 좋아 보이면 어디 저랑 한번 바꿔 보시죠. 어떻게 사는지 겪어 보시라고!"하지는 않을까요? "정말 행복해요. 날마다 제 삶의 소중함을 깊이 느끼며 살고 있어요!"라고 말하는 청소년은 얼마나 될까요? 과연 있기나 할까요?

10대가 겪는 답답하고 힘든 현실에는 분명 어른들의 책임이 클 거예요. 어른들이 아이들에게 소중한 일상을 마련해 주지도, 그것을 깨닫게 도와주지도 못했으니까요. 그렇다고 어른 탓만 하는 것은 아무런 도움이 되지 못해요. 스스로가 삶의 의미와 행복을 찾기 위해 노력하지 않으면, 누가 대신 그것을 가져다줄 수 없거든요. 인생의 소중함은 삶이 그 자체로 완벽해서가 아니라, 나의 노력으로 개선할 가능성이 있기 때문입니다.

〈원더〉에 나오는 명대사가 있어요. "옳음과 친절함 중 선택해야 할 상황이 되면, 친절함을 택하라(When given the choice between being right or being kind, choose kind)."는 말이에요. 옳고 그름을 따져 분노하고 지적할 수 있지만, 그보다는 상대와 나를 따뜻하게 대하라는 의미겠지요. 이렇게 하면 나도 상대도 조금씩 더 나은 사람이 될 힘을 얻을 수 있을 거예요. 살아갈 용기나 세상을 변화시킬 힘은, 날카로운 바른 말보다 따뜻한 격려의 말에서 얻어지는 법이니까요.

영문학은
상상력의 원천이에요

판타지 소설은 전통적인 영문학과 다른가요?

20세기부터 오늘날에 이르기까지 영문학에서는 장르 픽션이라 불리는 대중 소설이 유행하고 있어요. 예술성보다는 대중적 인기를 겨냥한 범죄 소설, 스파이 소설, 판타지 소설, 공상과학소설 등을 일컫지요. 이 중에서도 청소년들에게 인기 있는 판타지 소설을 중심으로 영문학이 상상력을 어떻게 자극하는지 살펴볼게요.

판타지 소설은 로맨스와 비슷하게 느껴지기도 해요. 로맨스가 꿈과 환상 이야기, 기사와 연애 이야기라면 판타지는 환상적, 공상적 작품으로 과학 소설까지 포함하기도 해요. 로맨스가 중세 기사의 모험과 연애를 주로 다룬다면 판타지는 그 범위가 거의 무한하다고 할 수 있어요. 독자가 동일시하는 주인공과 그 적대세력, 지원세력을 각각 내세워 시대의 가치를 제시하고 공동체 의식을 일깨우는 주제상의 특성을 제외하고는 소재가 무척 다양하니까요.

허구의 극치, 환상 문학

영국에 가보셨나요? 런던은요? 거기에 가면 꼭 가보고 싶은 곳이 있지 않나요? 『해리 포터』 시리즈를 읽었다면 말이지요. 런던의 킹스크로스역에 있는 9와 4분의 3 승강장은 어떤가요? 호그와트 급행열차가 출발하는 곳 말이에요. 소설에서 나오는 환상의 공간이, 소설이 인기를 얻으며 실제 장소가 되었지요. 관광명소로 해리 포터 기념품점까지 생겼고요.

• 킹스크로스역에 설치된 9와 4분의 3 승강장 •

문학작품은 작가의 상상력을 통해 만들어지고 독자들의 상상력을 자극해요. 그리고 그 상상이 마침내 실제가 되기도 하지요. 때로는 상상의 범위가 너무 커서 있을 법한 일의 한계를 넘어서기도 해요. 환상 혹은 공상의 세계로 간 것이지요. 판타지 소설은 허구 문학의 극치라고 할 수 있어요. 초자연적인 세계를 그릴 뿐 아니라, 시공을 뛰어넘고 마법과 신비를 자유롭게 다루거든요.

영문학의 흐름을 크게 낭만주의와 고전주의로 나눈다면 판타지는 낭만주의에 가까워요. 낭만주의는 기존의 형식을 타파하고 혁신적인 내용을 담으려 하고, 고전주의는 규범을 준수하고 격식을 중시하거든요. 이런 구분 외에 사실주의와 이상주의로 나눈다면, 판타지는 이상주의에 가깝겠지요. 현실, 과학, 실증을 강조하는 것이 사실주의이고, 공상, 꿈, 환상을 중시하는 것이 이상주의이니까요. 물론 이런 도식화는 이해의 편의를 위한 것이지, 반드시 이런 기준이 지켜지고 예외가 없다는 말은 아니에요. 판타지 안에도 여러 요소가 뒤섞여 있을 수 있거든요.

영문학에서 대표적인 판타지 소설로 꼽히는 작품들을 살펴보면서 그 특징은 무엇이고 문학적으로는 어떤 가치가 있는지 알아보도록 할게요.

『반지의 제왕』을 탄생시킨 톨킨

1930년 무렵 여름이었다. 영국 옥스퍼드대 교수 J. R. R. 톨킨은 노스무어 20번지 붉은 벽돌집 서재에 앉아 있었다. … 갑자기 짧은 문장 하나가 떠올랐다. "땅속 구멍에 호빗이 살고 있었다." 옮겨 적으며 그는 생각했다. '도대체 호빗이 뭐지?'

위대한 문학작품의 시작은 이런 뜻밖의 영감에서 비롯되었답니다. 문장이 떠오르고 그 안에 인물이 있는데, 정작 자신은 그 인물이 누군지 몰라요. 전혀 생각하지 못한 영감을 얻은 것이지요. 그런데 이 문장을 씨앗으로 해서 작가는 『호빗』(1937)이라는 판타지 소설을 만들어 낸답니다.

'호빗'은 반인족으로 '굴 파는 사람들'이란 뜻의 종족이에요. 키는 인간의 허리 정도이고, 발이 크고 발바닥이 튼튼하고 두꺼워 신발을 안 신어도 된답니다. 판타지 소설은 원래 소설 중에서 그다지 높이 평가받지 못했는데, 『호빗』은 달랐어요. 문학성과 흥미 모두를 가진 것으로 인정받았죠. 주인공인 호빗은 마법사 간달프의 방문을 계기로 모험을 시작해요. 골룸을 만나 절대 반지를 얻고 용 스마우그가 죽음을 맞는 전쟁에서 리더가 되지요.

톨킨이 이 소설의 후속작으로 쓰게 된 『반지의 제왕』(1954~1955)은 중간계를 배경으로 인간족과 다른 종족들, 호빗, 요정, 드워프, 오크 등을 그리고 있어요. 어둠의 군주 사우론이 만든 '절대 반지'를 중심으로 한 모험과 전쟁의 이야기예요. 여기에는 빌보의 조카인 프로도를 중심으로 하는 반지의 어두운 힘을 막으려는 세력과 반지에 집착하는 골룸, 그리고 반지의 힘을 통해 절대 권력을 얻으려는 사우론 사이의 갈등이 나타납니다. 반지의 유래를 안 빌보의 조카가 그것을 운반하여 결국은 파괴하는 줄거리이고요.

이야기의 시작은 호빗 프로도가 현자 간달프로부터, 자신이 삼촌 빌보에게 물려받아 가지고 있던 반지가 어둠의 군주 사우론이 만든 것임을 알게 되는 것입니다. 프로도는 간달프의 요청에 따라 그 반지를 깊은골로 운반하지요. 그리고 토론 끝에 반지의 파괴가 결정되고, 그 임무를 수행할 반지 원정대가 결성됩니다.

반지 원정대는 프로도, 샘, 메리, 피핀이라는 네 명의 호빗을 비롯해 아라곤, 보로미르, 레골라스, 김리, 그리고 간달프까지 아홉 명의 인물로 구성되었습니다. 반지를 운반해서 파괴하는 과정에는 욕심을 부리지 않고 용기 있게 정의와 평화를 지키는 모습이 드러나요. 이는 골룸(호빗 시절 이름은 스미골)이 보여 주었던 태도와는 대조를 이루지요. 그는 반지에 집착한 나머지 스스로의 존재가 거의 사라질 지경에 이르러요. "내 보물(My precious)."이라는 골룸의 말은, 과도한 물욕 혹은 물신숭배가 스스로를 황폐하게 만들고 파괴하는 양상을 보여 줍니다.

톨킨이 『반지의 제왕』을 완성한 것은 그의 나이 63세 때 일이었어요. 그의 역량은 가히 천재적이라 할 만해요. 중간계에 등장하는 인물의 가계도, 언어, 문자, 달력, 역사를 스스로 만들어 내거든요. 언어학, 신화, 역사에 대한 지식을 바탕으로 작품 속의 언어와 문화를 새로이 창조한 것이지요. 이 치밀하고 방대한 자료들은 『반지의 제왕』

• 작품을 통해 새로운 언어와 문화를 창조한 톨킨 •

에 부록으로 실려 있어요.

　이 작품은 판타지지만 서사시라고 부르기도 해요. 위키피디아에서는 이 작품의 장르를 "서사시적 하이 판타지 소설(epic high-fantasy novel)"이라고 정의해요. 하이 판타지는 환상의 세계에서 일어난 일을 다루는 본격 판타지이고, 로우 판타지(low fantasy)는 인트루전 판타지(intrusion fantasy)라고도 하는데, 마법의 세계가 평범한 일상에 침투하여 현실, 심리, 초자연 세계간의 경계가 모호한 판타지입니다.

　톨킨은 우리가 앞서 살펴보았던 최고(最古)의 영시인 『베어울프』의 연구자였고, 이 서사시를 『호빗』의 가장 중요한 원천으로 꼽았어요. 하이 판타지란 장르 속에 서사시의 요소를 도입한 것이지요. 서사란 신화, 전설, 역사상 온 세상에 걸쳐 매우 영향력 있는 영웅적 행동을 기리는 시인데요, 점차 내용과 형식면에서 혁신이 일어나요. 시라는 형식에 구애되거나 고대의 영웅상을 답습하지 않고, 시대에 맞게 장르가 재창조되는 것이지요.

　『호빗』과 『반지의 제왕』이 보여 주는 세계는 선과 악이라는 이분법을 넘어, 인간 내면의 창조성과 용기, 미덕을 드러내는 현대판 서사시라고 할 수 있어요. 판타지 문학이 허무맹랑한 이야기에서 머무는 것이 아니라, 인간의 역사와 정신을 고양시키는 문학적 가치를 지닌 장르로 자리매김하게 된 것이지요.

10대를 위한 판타지 소설 『나니아 연대기』

『나니아 연대기』는 총 7권으로 구성된 C. S. 루이스(Clive Staples Lewis, 1898~1963)의 소설이랍니다. 아이들을 위한 '서사시적 판타지 시리즈'이지요. 출간된 순서는, 『사자와 마녀와 옷장』(1950), 『캐스피언 왕자』(1951), 『새벽 출정호의 항해』(1952), 『은의자』(1953), 『말과 소년』(1954), 『마법사의 조카』(1955), 『최후의 전투』(1956) 순입니다. 1950년부터 매년 1권씩 출판되었지요.

이 중 대표작은 『사자와 마녀와 옷장』이랍니다. 이 작품은 기독교적인 알레고리가 담겨 있는데, 여기 등장하는 사자 아슬란은 예수님을 상징합니다. 나니아에 마법을 걸어 100년간 얼어붙게 만든 백색 마녀는 적그리스도를 의미하지요. 나니아에는 말하는 동물, 파우누스, 그리고 숲의 정령 드라이드들이 등장하는 신비롭고 평화로운 세계와 기만하고 착취하며 지배하려는 세력이 공존하고 있어요.

페번시가의 아이들인 피터, 수전, 에드먼드, 루시는 아슬란을 위해 마녀로부터 나니아를 구해내요. 침략자와 나니아 사람들의 싸움에서 아이들이 군사적, 영적 지도자의 역할을 하는 것이지요. 신체적으로나 정신적으로 미숙한 아이들은 아슬란을 중심으로 힘을 합해 위업을 달성하고, 작품 안에서도 실질적인 성장에 이르러요.

아이들이 이런 역할을 하는 것은 전통적인 서사시는 물론 『호빗』의 세계와도 다른 새로운 영웅상을 보여 줍니다. 성경에서 예수님이 "어린 아이들과 같이 되지 아니하면 결단코 천국에 들어가지 못하리라(마태복음 18:3)."고 이야기한 대목을 연상케 하지요.

어린아이들이 악의 세력과 싸워 이기는 도중에 아슬란은 마녀에게 희생을 당하지만 부활해요. 죄 없이 다른 사람을 대신해 죽은 사람은 다시 살아난다는 고대의 율법에 따라 말이지요. 이 안에는 희생과 사랑이 악을 물리치고 부활을 통해 구원과 영원한 생명을 가져온다는 기독교 정신이 담겨 있어요.

『나니아 연대기』의 저자인 C. S. 루이스는 원래 무신론자였지만 기독교 신자가 되었다고 해요. 이때 톨킨이 주요한 역할을 했다고 합니다. 이들은 40년 지기 친구였고, 옥스퍼드대학 동문이자 같은 학교 동료 교수로서 서로의 작품 세계에 영향을 주었어요. 루이스와 톨킨 사이에는 공통점이

· 벨파스트에 있는 C. S. 루이스의 동상 ·

많았어요. 어학과 문학을 통합하는 방법으로 영문과를 개혁하는 데 의견을 같이 했고, 신화와 전설이 담긴 판타지를 쓴 공통점을 보였어요. 루이스와 톨킨이 서로의 작품을 읽고 조언하며 격려한 덕분에 『나니아 연대기』와 『반지의 제왕』이 탄생할 수 있었다는 평가가 나올 만큼 상호간의 영향은 지대했어요.

물론 자세히 살펴보면 신앙의 방

향성이나 창작 경향에서는 차이점도 있어요. 루이스는 톨킨의 가톨릭이 아니라 신교의 일종인 성공회를 택했어요. 가톨릭의 교황중심주의에 대해서는 비판적인 논조를 취했고요. 가톨릭에서는 이혼을 금지하지만 루이스는 이혼녀이자 미국 작가인 조이 다비드맨과 결혼했어요. 톨킨은 알레고리를 싫어했지만 루이스는 기독교적 알레고리를 사용했고요. 톨킨은 작품에 기독교적 요소가 강하게 드러나는 것에는 부정적이었어요. 그러나 루이스는 어린 시절의 경험과 떠오른 이미지를 결합하여 이야기를 쓰면서 성경의 내용이 자연스럽게 작품 안에 들어오도록 했어요. 톨킨이 판타지 소설의 문학성을 높이는 데 기여했다면, 루이스는 판타지 소설로 기독교적 세계관을 보여 주었고요.

여러분의 독서 소감은 어떤가요? 『나니아 연대기』에서 기독교적 요소를 강하게 느끼셨나요? 그게 불편하셨나요? 아니면 기독교적 요소 때문에 작품이 더 가치 있게 느껴지셨나요? 문학작품에 나타난 종교성에 대해서는 어떻게 생각하세요? 그리고 그렇게 생각하는 이유는 뭔가요? 자신과 생각이 다른 친구를 대하는 태도는 어떤가요? 톨킨과 루이스의 일과 삶, 그리고 문학을 살펴보면, 의견이 다른 친구와도 지속적으로 교류하면서 서로를 자극하고 발전시키는 모습을 볼 수 있어요. 우리도 성숙해 가며 이런 우정을 배울 수 있지 않을까 생각해 봅니다.

판타지 소설이 현실에 미치는 영향력, 『해리 포터』 시리즈

『해리 포터』 시리즈는 1997년에서 2007년 사이에 출판되었어요. 5억 부이상이 팔려 역사상 최다 판매된 책 시리즈가 되었고요. 2020년을 기준으로 작가 J. K. 롤링의 순자산은 10억 달러에 이른다고 해요. 우리나라 돈으로는 약 1조2천억 원 정도예요. 싱글맘으로 아이를 기르며 양육수당과 실업수당을 받을 만큼 가난했던 시절을 생각하면 그야말로 엄청난 변화이지요.

10대 시절 롤링은 우울했대요. 어머니는 다발성 경화증이라는 병을 앓았고, 아버지와는 대화를 많이 하지 않았거든요. 대학 입시에서도 낙방했어요. 옥스퍼드대학교에 지원했다가 떨어지고 엑서터대학교에 입학한 롤링은 불문학과 고전을 전공했습니다. 학과 공부보다는 디킨스와 톨킨의 책을 읽는 걸 더 좋아했다고 하네요.

롤링이 『해리 포터』를 쓰게 된 계기는 다음과 같아요. 1990년 여름, 맨체스터에서 런던으로 향하는 열차를 탔는데 4시간 동안 운행이 지연되었어요. 그때 롤링은 기차에 앉아 작품을 구상하게 됐고요. 마법 학교에 다니는 소년 해리 포터와 론, 그리고 헤르미온느를 떠올리고, 집으로 돌아가 그날 밤부터 소설을 쓰기 시작했다고 합니다. 그녀는 카페에서 작업을 많이 했대요. 아이를 재우기 위해 산책 나왔다가 아이가 잠들면 카페로 들어가 글을 썼거든요.

12개의 출판사에서 거절당한 『해리 포터』는 마침내 한 곳에서 인정을 받아요. 블룸스베리라는 출판사의 사장이 자신의 여덟 살 난 딸에게 이 책을 읽게 했는데 반응이 매우 좋았거든요. 책이 출판된 후 롤링은 본격적으로 수상을 하면서 큰 인기를 얻어요. 『해리 포터』의 미국 판권이 10만 5천 달러, 우리 돈으로는 약 1억 3천만 원 가까운 가격에 낙찰되기도 했고요. 하지만 이것은 이

• J. K. 롤링 •

후의 성공과 부의 시작에 불과했어요. 책뿐만 아니라 영화도 큰 인기를 얻었고, 관련 상품들도 날개 돋친 듯 팔렸지요.

『해리 포터』를 좋아했나요? 책은 원서로 보셨나요, 한글로 읽으셨나요? 책이 아니라 영화로 접했나요? 어떻게든 이 작품을 만났다면 이 시리즈의 인기 비결이 무엇일지 한번 생각해 보면 좋겠어요. 약간 우울한 분위기인데, 그 안에 인간의 심리가 잘 묘사되어서일까요? 마법의 힘이 신기하고 매력적이라서 일까요? 공포나 무시무시한 악과 싸우는 게 박진감이 넘쳐서일까요? 초현실적인 인물, 사건, 배경이 조화를 이루고, 현실의 답답함을 달래 주어서일까요?

여러 이유를 꼽을 수 있겠지만 영문학 전통에서 살펴보면 고아 소년의 성장과 성공이 가져오는 기쁨과 감동 때문이 아닐까 싶어요. 영국 소설 중에는 고아가 주인공인 경우가 꽤 많아요. 앞에서 살펴본 『제인 에어』,

『위대한 유산』뿐만 아니라 『올리버 트위스트』(1837), 『데이비드 코퍼필드』(1950), 『황폐한 집』(1853), 『폭풍의 언덕』(1847) 등에도 고아가 등장해요. 고아의 성장 과정에는 가난과 외로움, 폭력과 불안정이라는 위협 요소가 있지만, 관습으로부터 자유롭다는 뜻밖의 장점도 있어요.

고아들의 성장 과정은 한 인간이 위태위태하게 자라가며 독립하고 성공하는 모습을 박진감 있게 보여 주지요. 보호하고 양육하는 부모가 없기 때문에 시련이 엄청나지만, 그만큼 현실을 직시하여 강인함을 기르고 끝내는 위대한 성취를 이루어 내요. 해리 포터가 자신의 정체성을 깨닫고 성장하는 과정에는 고난과 행복, 방해와 도움이라는 양면성이 있어요. 독자가 바라고 응원하듯이, 결국에는 자신의 의지와 주변의 도움으로 시련을 극복하고 악을 이겨 내고요.

『해리 포터』의 문학성에 대해서는 여러 의견이 있어요. 어린이를 위한 판타지 소설로서의 가치에 대해서도 상반되는 평가가 많고요. 유명 작가 스티븐 킹(Stephen King)은 이 작품을 칭찬했어요. 『해리 포터』가 톨킨의 공포와 루이스의 종교성을 능가하는 재미있는 작품이라고 호평했지요. 반면 유명한 비평가인 해럴드 블룸(Harold Bloom)은 혹평을 했답니다. 상투적인 문구(cliche)가 가득하고, 교육 수준이 낮은 사람에게 적합한 쉽고 단순한 작품이라고 평가했지요.

여러분은 어떤가요? 이 판타지에서 재미를 느꼈나요? 그리고 그 흥미로 작품성에까지 높은 점수를 주게 되던가요? 상상력을 넓히고, 지적, 정서적 자극도 받았나요? 이 작품에서 인상적인 구절 중 하나가 "요술지팡

이가 마법사를 선택한다(The wand chooses the wizard)."는 말이에요. 말하자면 자기가 원하는 대로 마법을 부릴 수 있는 게 아니라, 그 힘 자체가 초자연적인 질서에 의해 주어지고 작용한다는 의미이지요. 그러니 능력을 부여받은 사람은 그것을 남용하지 않고 책임 있게 사용할 줄 알아야 하겠지요.

마블 코믹스와 셜록 홈스 시리즈도
영문학에 속할까요?

마블 코믹스와 영문학의 공통점

만화라고 하면 뭔가 저급해서 문학하고는 전혀 상관없다는 느낌을 받으시나요? 아니면 재미없는 소설보다 흥미로운 만화가 오히려 더 낫다고 생각하시나요? 마블 시리즈만의 독특한 매력은 뭘까요? 내용은 뻔한 것 같은데 또 보게 되는 이유는 뭘까요? 영문학 작품과 마블 시리즈 사이에 공통점이 있을까요?

먼저 영문학의 뿌리가 되는 고대 그리스와 로마의 서사시와 마블 시리즈의 공통점을 한번 찾아볼게요. 문학의 최고봉이 시이고, 시의 최고가 서사시라는 게 문학사에서 비교적 공통된 의견임은 이미 앞에서 여러 번 이야기했죠? 서사시 가운데 가장 잘 알려진 작품은 『일리아드』와 『오디세이』, 『아이네이스』이니, 이들 작품과 마블 시리즈 사이의 연관성을 찾는다면 영문학과 만화의 관계를 찾는 데도 실마리를 얻을 수 있을 거예요.

여러분은 위에 언급된 서사시들을 읽어 보셨나요? 너무나 유명하지만 처음부터 끝까지 읽은 사람은 많지 않고, 중고등학교 재학 중에 읽은 사람은 더욱 드물어요. 제목이나 주인공의 이름은 익숙한가요? 『일리아드』는 아킬레스, 『오디세이』는 오디세우스, 『아이네이스』는 아이네아스가 주인공이랍니다. 이들은 공통적으로 영웅이고, 반신(demi-god)이에요. 신화적 인물이며 역사를 뒤흔든 위인이지요. 공동체로부터 소외된 상태에서 호된 시련(ordeal)을 거쳐 임무에 성공하고 사회를 통합하여 널리 영향을 끼칩니다.

마블 시리즈 중 캡틴 아메리카, 스파이더맨, 아이언맨 등의 '맨류'들은 대개 독특한 캐릭터를 지닌 영웅적인 존재라고 할 수 있어요. 뛰어난 능력을 가졌지만 소외와 고독, 오해와 수난을 겪기도 하고요. 실수도 하고 약점도 있는 존재이지만, 결정적인 순간에는 심기일전하여 다시 위력을 발휘하고 인류에 평화와 행복을 가져오지요. 이들은 서사시의 영웅처럼 시련을 겪고 공동체로부터 배척을 받았다가, 끝내는 인류를 구해 내는 패턴을 반복하는 경향이 있어요.

마블 코믹스의 역사는 1939년까지 거슬러 올라가요. 처음에는 타임리 코믹스(Timely Comics)라는 이름으로 설립되었다가, 아틀라스 코믹스(Atlas Comics)를 거쳐 마블이라는 이름을 얻었지요. 2009년 월트디즈니사가 마블 엔터테인먼트를 매입한 후 영화가 활발하게 제작되고 있어요. 이야기 전개가 어느 정도 예측 가능하지만, 인물의 능력이 다양하고 갈등도

매순간 새로워져 흥미롭게 지켜보게 되지요.

만화와 문학의 연관성에 대한 논의는 임청산 교수가 자신의 박사 논문에서 주장한 바 있어요. 1998년 8월 31일자 《서울신문》 기사에 따르면 임교수는 시, 소설 등 영미 문학을 만화와 비교해 논문을 썼어요. 시는 카툰(cartoon, 단편만화)과, 소설은 코믹 스트립스(comic strips, 장편만화)와, 희곡은 애니메이션(animation, 만화영화)과 공통점이 많다고 설명했답니다. 만화와 문학은 다른 어떤 학문과 예술 영역보다 상관성이 긴밀하고 교류의 폭이 커질 수 있다고 보았고요.

마블 코믹스의 주인공은 서사시의 영웅처럼 활약하며, 이야기 전개는 소설 구성과 유사하게 발단, 전개, 위기, 절정, 결말의 순서를 따르곤 해요. 만화이니 만큼 도처에 코믹한 요소가 곁들여져 여유와 재미를 더하고요. 고급 예술과 대중문화의 경계가 허물어져가는 시대에 영문학의 눈으로 마블 코믹스를 읽으면 새로운 발견과 재미를 누리게 될 거예요.

영문학에서 탐정소설의 위치는?

한국의 본격적인 추리문학가로 활동한 인물은 김내성(1909~1957)으로 평가받아요. 그는 일본 와세다대학교 법학부에서 유학했지만, 추리소설에 빠져 문학가의 길을 걷게 되었어요. 일본어로 쓴 추리소설을 우리말로 개작해 조선일보에 연재한 『가상범인』이 우리나라 최초의 추리소설로 알려져 있고요. 그 후 김성종이라는 작가가 한국일보 장편소설 공모에 추리소설이 당선되어 등단했어요. 김성종은 우리나라 최고의 추리소설 작가로 등극했고, 그의 대하소설 『여명의 눈동자』는 TV드라마로도 제작되어 큰 반향을 일으켰어요.

대한민국 판사 출신 중에 탐정소설가가 있다는 사실을 알고 계신가요? 추리소설을 8권이나 펴내 한국의 존 그리샴(John Grisham)이라 불리는 도진기 변호사입니다. 2017년 10월 〈조선일보〉 기고문에서 그는 어릴 때 특별한 꿈이 없었다고 해요. 직업과 사회, 자기 적성을 잘 몰랐기 때문이지요. 닥치는 대로 책을 읽은 결과 현재의 일을 하게 된 것으로 회고했어요.

그가 43세에 추리소설 작가로 데뷔하게 된 계기도 왕복 2시간 거리를 지하철로 다니며 추리소설을 탐독한 것이라고 해요. 많은 책을 읽다 보니 스스로도 작품을 써볼 생각이 든 것이지요. 그는 범행 동기나 사회적 배경에 치중하는 사회파 추리물이 아니라, 트릭을 풀어 범인을 찾아내는 본격 추리물을 주로 쓴다고 해요. 처음에는 지적 유희를 통해 재미를 주다가, 마지막에 인생의 의미를 전달하는 방식으로 글을 쓴다고 합니다.

추리소설은 소설 중에도 대중성이 큰 장르로 평가됩니다. 퍼즐을 푸는 것처럼 두뇌 게임을 하며 재미를 느끼는 게 묘미예요. 대중적인 인기가 순수 문학보다 높아도, 추리소설의 문학성은 상대적으로 낮게 평가되곤 합니다. 범죄, 특히 살인이 제재로 다뤄지고 탐정이 등장하여 범인을 찾는 방식이니 문학 밖에 있는 좀 더 낮은 수준의 장르로 인식되는 경향이 있지요.

영문학에서 추리소설의 효시에 대한 의견은 분분해요. 소설가가 추리

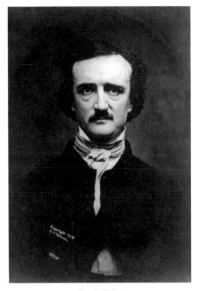
• 에드거 앨런 포 •

소설의 양식을 도입해 글을 쓴 데서 시초를 찾는 이는 찰스 디킨스의『황폐한 집』을 꼽아요. 부모 없이 자란 에스터의 출생의 비밀을 밝히고, 사건에 관련된 변호사를 죽인 범인이 뜻밖의 인물임을 알아내는 이야기가 담겨 있어요. 이 작품 안에 담긴 변호사 살해와 관련된 탐정소설의 요소를 추리소설의 효시로 본 것이죠.

『문스톤』의 작가 윌키 콜린스(Wilkie Collins, 1824~1889)가 본격적으로 최초의 추리소설을 썼다고 보는 사람도 있어요. T. S. 엘리엇이 그 예입니다. 콜린스의 대표작은『문스톤』과 더불어『흰 옷의 여인』이랍니다.

『흰 옷의 여인』은 여러 인물이 화자로 등장해 사건을 다양한 각도로 보게 해줍니다. 치정(癡情, 남녀의 사랑에서 생기는 온갖 어지러운 정), 재산을 노린 음모, 신분 바꾸기, 정신 병원 감금 등의 사건이 발생하는데, 반전과 발견을 거듭하다 행복한 결말로 마무리되지요.『문스톤』은 영국 장교가 인도 힌두교 사원에서 빼앗은 문스톤의 저주에 얽힌 전설 이야기입니다. 이 작품에서도 여러 인물이 서술자의 역할을 합니다. 편지나 일기 등 다양한 형식이 도입되고요.『문스톤』은 영화와 시리즈로 제작되어서도 인기를 누렸어요.

추리소설의 효시에 대해 가장
일반적인 견해는 에드거 앨런 포
(Edgar Allan Poe, 1809~1849)의
『모르그가의 살인』(1841)을 시작으
로 보는 거예요. 여기서 모르그가
는 모르그 집안이 아니라 모르그
거리를 말해요. 한자로는 집을 의
미하는 '家'가 아니라 거리라는 뜻
의 '街'이지요. 모르그가의 한 건
물 4층에서 비명 소리가 나고, 곧

• 셜록 홈스를 만들어 낸 아서 코난 도일 •

이어 살해당한 모녀의 시체가 발견돼요. 오귀스트 뒤팽이라는 탐정이 범
인을 찾아내고요. 범인은 의외로 좀 황당한 존재랍니다.

에드거 앨런 포에게 뒤팽이 있다면 코난 도일에게는 홈스가 있지요. 아
서 코난 도일(Arthur Conan Doyle, 1859~1930)은 1887년에 셜록 홈스란
인물을 만들어 냈어요. 홈스는 소설의 탐정 중 가장 유명한 인물이 되었어
요. 지적이고, 용감하며, 관찰력과 추리력이 뛰어난 홈스와 더불어 그의
친구이자 조수인 의사 왓슨도 주목을 받습니다. 왓슨은 이야기의 해설자
로 주로 등장해요. 코난 도일은 4편의 소설과 56편의 단편을 썼는데, 이
중에 드라마와 영화로 제작된 작품들이 많아요.

제1차 세계대전(1914~1918)과 제2차 세계대전(1939~1945) 사이인

• 《스트랜드 매거진》에 실린 셜록 홈스와 친구 왓슨의 삽화 •

1920년대와 1930년대는 탐정소설의 황금기로 평가됩니다. 많은 인기 있는 작가들이 등장했는데, 그 중에서도 애거사 크리스티(Agatha Christie, 1890~1976)가 독보적(獨步的, 홀로 걷는다는 뜻으로, 남이 따를 수 없을 만큼 뛰어나다는 뜻)이었어요. 애거사 크리스티는 셜록 홈스 시리즈를 좋아했고, 그 영향으로 작가가 되었다고 해요. 그녀의 소설에 등장하는 탐정은 푸아로입니다. 2017년에 새로 영화화되어 인기를 누린 『오리엔트 특급 살인』(1934)을 비롯하여, 『나일 강의 죽음』(1937), 『그리고 아무도 없었다』(1939) 등 많은 작품이 있어요.

크리스티는 80여 편의 추리소설을 썼고 영어권에서 10억 부, 번역본으로 10억 부 가량의 책이 팔려 기네스북에 등재되었어요. 1976년 사망 당시 애거사 크리스티는 역사상 최고 판매부를 올린 소설가가 되었어요. 추리소설가로서의 공로를 인정받아 남자로서는 기사(Knight)에 해당하는 'Dame'이란 작위를 받았고요.

　추리소설이 황금기에 이르자 이 장르의 관행이 어느 정도 확립되었어요. 범인이 작품 초반에 언급되어야 하고, 초자연적인 요소는 등장하지 않으며, 탐정은 범죄를 저지르지 않는 등의 법칙 말이에요. 추리소설의 흥미는 범죄자를 찾는 스릴(thrill, 간담을 서늘하게 하거나 마음을 졸이는 느낌)뿐만 아니라 지적인 탐색의 과정에 있는데, 이런 관행은 추리소설의 흥미 유지에 적절했지요.

　추리소설이 문학 내에서 갖는 위상은 어떨까요? 정통 문학에 비해 가치가 낮을까요? 아니면 전혀 손색(遜色, 서로 견주어 보아 못한 점) 없는 위대한 문학 장르일까요? 추리소설이라고 다 열등하거나 하찮은 문학이라고 말할 수는 없어요. 『황폐한 집』이나 『모르그가의 살인』도 영문학의 정전(正典, canon, 문학상 가치 있는 작품의 목록)에 속해 높이 평가 받았으니까요. 다만 관행에 지나치게 얽매이거나 문체가 어설프고 문장이 거친데다 내용마저 고리타분(새롭지 못하고 불분명하다는 뜻)하면 문학적 가치가 줄어들 수 있겠지요. 현대에는 장르의 서열보다 개별 작품의 문학적 가치에 더 주목하는 경향이 있답니다. 문학을 평가하는 기준 역시 다양해졌고요.

문학 속의 영웅과 현대판 영웅은
어떻게 다를까요?

여러분이 가장 좋아하는 문학 속의 인물은 누구인가요? 고아로 태어났으나 성실하고 정직하게 살아간 제인 에어가 존경스러운가요? 아니면 『칼의 노래』에 나오는 이순신이 위대해 보이던가요? 스페인 문학이지만 세계 최고의 작품으로 손꼽히는 『돈키호테』의 기사 주인공은 어떤가요? 좋아하는 인물을 보면 그 사람의 가치관을 알 수 있어요. 소설에서는 주인공(protagonist)을 영웅(hero/heroine)이라고 부르기도 해요. 대단한 업적을 이룬 신적인 존재는 아니지만, 일상을 분투하며 살아가는 모습에서 위대함을 발견하는 것이지요. 이 영웅들을 통해 당대의 모습을 알고 시대가 요구하는 인물상을 파악할 수 있어요.

원래 영웅이라는 말은 서사시와 비극에서 많이 사용되었어요. 영웅으로 인해 국가와 민족의 운명이 좌우되는 것이 그려졌고요. 이들 영웅은 특히 전쟁 영웅이었기 때문에 힘, 용맹, 지략, 충성심, 그리고 군사들을 통솔하고 독려(督勵, 감독하고 격려함)할 언변이 중요했어요. 목숨을 아끼지 않고 나서서 전쟁을 승리로 이끌기 위해서는 스스로가 뛰어난 용사여야 했고,

다른 군사들도 동원할 수 있어야 했거든요. 비극의 영웅은 태생적으로는 존귀하나 비극적 결함(tragic flaw)을 가진 인물이에요. 그러니 엄청난 일을 해내도 결국에는 몰락하게 되지요.

오늘날에는 어떤 사람을 영웅이라 부를까요? 신문이나 TV에서 영웅이라고 부르는 사람들은 위험을 무릅쓰고 남을 구한 의인들인 경우가 많아요. 지하철 선로에 떨어진 아이를 구해 낸 사람, 강도의 공격을 받은 사람을 보호하고 악한을 제압하여 신고한 사람, 교통사고 현장에서 적극적으로 대응하여 2차 사고를 막고 사상자를 구조한 사람, 목숨을 아끼지 않고 화재 현장에 들어가 임무를 완수하는 소방관 등이지요.

그렇다면 사건사고가 없는 상황에서 영웅이라 불리는 인물은 누가 있을까요? 자기와의 싸움을 이겨 내거나 자연의 한계를 극복해 낸 사람들이죠. 엄청난 훈련과 극기, 절제의 삶으로 올림픽이나 중요한 대회에서 좋은 성적을 거둔 운동선수, 등반가, 탐험가, 개척자 등을 영웅이라 부르기도 해요. 이들의 공통점은 절제와 희생, 꾸준한 훈련을 통해 영광을 얻는다는 점일 거예요.

문학 속의 영웅과 현실에서 영웅이라 불리는 사람들 사이에는 어떤 차이점이 있을까요? 『우리들의 일그러진 영웅』을 보면 반영웅(anti-hero)이 등장해요. 착취하고 지배하려드는 부정직한 인물 말이지요. 타인을 위해 희생하는 정직한 사람과 대조되는 불편하고 역겨운 존재예요. 모범적인 영웅상으로는 『칼의 노래』의 이순신이 떠오르지요. 나라를 위해 사욕을 버리고, 평화로울 때 준비하고 전시에 참전하여 승리를 이끈 실존 인물이자 문학 속 주인공이니까요. 그의 위대함은 배신감과 억울함을 극복하고, 쌓아온 것이 무너져도 포기하지 않고 다시 대의를 위해 싸웠다는 점이에요.

영국의 평론가이자 사상가인 토머스 칼라일은 『영웅숭배론』에서 영웅 등장의 필요성을 주장했어요. 위대한 인간들이 다스려야 하고, 다른 사람들은 그를 존경해야 한다고 주장했지요. 칼라일에게 있어 영웅이란 사람들이 따라야 할 모범이자 역사를 발전시킬 창조자였어요. 영웅 숭배를 위해서는 사람들에게도 영웅적인 마음이 있어야 한다고 보았고요. 이러한 칼라일의 영웅 숭배 사상은 반민주주의적이라고 비판을 받기도 했어요. 개인의 자유를 존중하기보다는 영웅의 자질이나 가치에 의해 통제되는 전체주의로 전락할 우려가 있었기 때문이지요. 오늘날은 영웅을 절대시하거나 신격화하기보다는, 견제와 균형을 이끄는 법과 제도를 통해 질서 있고 조화로운 사회를 만들려는 노력이 더욱 강조됩니다.

어떤 영웅을 기대하느냐는 세상이 어떻게 발전했으면 하는 바람과 닮아 있어요. 여러분 자신이 서사시나 비극, 혹은 위대한 문학작품 속의 영웅은 아니라 할지라도, 세상을 더 낫게 만들 수 있는 한 사람이 될 수는 있을 거예요. 소설이나 희곡의 등장인물 중 평범한 일상을 살면서도 날마다 자신과 사회를 조금씩 개선해가는 사람들처럼 말이지요. 『10대에게 권하는 영문학』이 그 길에서 소중한 기억으로 남을 수 있기를 바랍니다.